新时期农村家庭教育与儿童发展研究

杨在富 马秀萍 曲振国 著

中国书籍出版社
China Book Press

图书在版编目 (CIP) 数据

新时期农村家庭教育与儿童发展研究 / 杨在富，马秀萍，曲振国著. -- 北京：中国书籍出版社，2022.11

ISBN 978-7-5068-9279-7

Ⅰ.①新… Ⅱ.①杨… ②马… ③曲… Ⅲ.①农村–儿童教育–家庭教育–研究–中国 Ⅳ.① G782

中国版本图书馆 CIP 数据核字（2022）第 213201 号

新时期农村家庭教育与儿童发展研究

杨在富　马秀萍　曲振国　著

丛书策划	谭　鹏　武　斌
责任编辑	邹　浩
责任印制	孙马飞　马　芝
封面设计	东方美迪
出版发行	中国书籍出版社
地　　址	北京市丰台区三路居路 97 号（邮编：100073）
电　　话	（010）52257143（总编室）　（010）52257140（发行部）
电子邮箱	eo@chinabp.com.cn
经　　销	全国新华书店
印　　厂	三河市德贤弘印务有限公司
开　　本	710 毫米 × 1000 毫米　1/16
字　　数	243 千字
印　　张	13.5
版　　次	2023 年 3 月第 1 版
印　　次	2023 年 7 月第 2 次印刷
书　　号	ISBN 978-7-5068-9279-7
定　　价	85.00 元

版权所有　翻印必究

目 录

第一章　绪论：新时期农村家庭教育指导服务研究……………………　1
　　第一节　研究背景与基本概念……………………………………　2
　　第二节　研究现状与意义…………………………………………　5
　　第三节　研究内容与创新点………………………………………　11
第二章　新时期农村家庭教育新理念…………………………………　16
　　第一节　农村家庭教育理论分析…………………………………　16
　　第二节　农村家庭教育的特点与作用……………………………　43
　　第三节　农村家庭教育的方法与对策……………………………　45
　　第四节　农村家庭教育中家长的自身修养………………………　47
第三章　新时期农村家庭的儿童道德品质培养………………………　52
　　第一节　家庭教育之首——德育…………………………………　52
　　第二节　家庭环境中的教育信念与儿童发展……………………　56
　　第三节　农村儿童良好道德品质培养的途径……………………　60
第四章　新时期农村家庭的儿童智力开发……………………………　67
　　第一节　幼儿早期智力的开发……………………………………　67
　　第二节　常态儿童学习能力开发…………………………………　77
　　第三节　学习不良儿童的教育对策………………………………　83
第五章　新时期农村家庭的儿童身体健康……………………………　87
　　第一节　儿童体育与健康…………………………………………　87
　　第二节　家庭中的体育与健康……………………………………　105
　　第三节　儿童体育特长培养………………………………………　117
第六章　新时期农村家庭的儿童审美能力培养………………………　133
　　第一节　审美教育的性质与特点…………………………………　133

第二节　家庭生活环境的审美功能……………………………… 136
　　第三节　艺术熏陶与儿童审美能力培养…………………………… 144
第七章　新时期农村家庭的儿童劳动素养提升……………………… 166
　　第一节　儿童劳动的特殊形式——劳动教育……………………… 166
　　第二节　儿童劳动教育的价值……………………………………… 169
　　第三节　家庭教育中儿童劳动素养提升的途径…………………… 171
第八章　新时期农村家庭的儿童心理健康发展……………………… 186
　　第一节　农村儿童心理健康教育分析……………………………… 186
　　第二节　农村儿童发展中常见的心理问题………………………… 187
　　第三节　农村儿童心理健康教育及家长心理疏导………………… 197
参考文献………………………………………………………………… 205

第一章 绪论：新时期农村家庭教育指导服务研究

从党的十六届五中全会提出加快社会主义新农村建设,到党中央提出全面推进乡村振兴战略,我们党和国家高度重视农业发展、农村建设和农民生活幸福,农民的精神面貌、生活方式等不断发生改变。紧跟时代潮流,不断提升自身素养,与生产生活方式相适应,是当今农民的时代主流与鲜明特征。但是,受各种原因影响,一些不文明的生活方式、生活习惯等依旧存在。因此,有必要实行乡村文明行动,其主要目的是真正地让农民群众过上好日子、创造新生活。这种"好日子""新生活"不仅需要加强农业农村现代化"硬件"建设,更需要加强村风民俗、乡村道德、家庭建设等"软件"建设,甚至"软件"比"硬件"更重要。在这些"软件"中,最根源的"软件"建设其实在家庭建设,正所谓"天下之本在国,国之本在家"。习近平总书记《在二〇一五年春节团拜会上的讲话》中指出:"家庭是社会的基本细胞,是人生的第一所学校。不论时代发生多大变化,不论生活格局发生多大变化,我们都要重视家庭建设,注重家庭、注重家教、注重家风,紧密结合培育和弘扬社会主义核心价值观,发扬光大中华民族传统家庭美德,促进家庭和睦,促进亲人相亲相爱,促进下一代健康成长,促进老年人老有所养,使千千万万个家庭成为国家发展、民族进步、社会和谐的重要基点。"

因此,加快建设和完善农村家庭教育指导服务体系,帮助农民群众提高思想道德文化水平,更好地掌握家庭伦理道德、亲子教育、文化娱乐、心理保健等各方面的知识与技能,更好地教育下一代,进而帮助孩子们树立良好的世界观、人生观、价值观,是当前最为迫切的任务。

第一节　研究背景与基本概念

一、研究背景

（一）我国家庭教育指导服务体系建设目标的提出与实施

2011年国务院"国发〔2011〕24号"文件印发了《中国儿童发展纲要（2011—2020年）》，明确提出到2020年基本建成"适应城乡发展的家庭教育指导服务体系"的目标，并且提出"将家庭教育指导服务纳入城乡公共服务体系。普遍建立各级家庭教育指导机构，90%的城市社区和80%的行政村建立家长学校或家庭教育指导服务点。建立家庭教育从业人员培训和指导服务机构准入等制度，培养合格的专兼职家庭教育工作队伍。加大公共财政对家庭教育指导服务体系建设的投入，鼓励和支持社会力量参与家庭教育工作"等措施。

2016年11月，全国妇联、教育部、中央文明办、民政部等多部门共同印发了《关于指导推进家庭教育的五年规划（2016—2020年）》，提出到2020年"基本建成适应城乡发展、满足家长和儿童需求的家庭教育指导服务体系"总体目标，进而明确了目标的具体内涵。

2017年12月，中国教育科学研究院与北京广安家庭发展研究院联合发布《家庭教育指导服务规范》，以家庭建设为起点，从建设和谐家庭文化，建构良好家庭内外关系，促进个体身心健康，建设健康家庭的视角建构家庭教育指导服务的框架体系。文件提出了诸如以学分代替课时、设立家庭教育专业指导者分类分组标准、首先面向普通家庭的指导服务等意见和建议，并对下一步的推进工作提出了建设性意见。

2018年9月，在全国教育大会上，习近平总书记提出，"办好教育事业，家庭、学校、政府、社会都有责任"。他用四个"一"——第一所学校、第一任老师、人生第一课、人生第一粒扣子，充分阐明家庭教育在个体成长中的重要作用。

近十年来，家庭教育指导服务体系建设已从国家号召走向了行动落实，因此，及时积极开展家庭教育指导服务体系建设问题和对策研究，既是解决当前家庭教育的重要问题,又是政府工作的指向。

(二)农村家庭教育指导服务体系建设存在的问题

从 2011 年国家正式提出到 2020 年"家庭教育指导服务体系基本建成"目标以来,党和国家对家庭教育及其指导服务体系的建立越来越重视,家庭教育已经从中央号召走向了行动落实,这意味着中国教育已经开始从只关注学校教育,走向关注家庭、学校、社会三位一体教育合力的转轨。然而这个过程却不容易,特别是在广大的农村,家庭教育指导服务体系的建立还非常薄弱,就基本建成"农村家庭教育指导服务体系"这一目标来看,显然存在很大的差距。主要表现在缺乏针对农村的家庭教育指导服务体系建设规划;缺乏农村家庭教育指导服务体系建设的必要经费、人才、机制与政策配套等方面的保障;缺乏农村家庭教育指导服务体系建设的规范及其评价、督导体系,等等。这些问题的存在,致使农村家庭教育呈现薄弱、落后状态。加强农村家庭教育指导服务体系建设问题与对策的研究迫在眉睫。

二、基本概念

(一)家庭教育的内涵

家庭教育的内涵,不同学者理解不同。基于单向视角,家庭教育是父母或其他年长者对子女进行的教育。[①] 基于双向视角,家庭教育是父母、子女之间的相互影响。[②] 家庭是通过血缘作为纽带,将几个人组在一起的一个小团体。家庭是寄托情感的地方,在潜移默化和耳濡目染中,对家庭里的每个人都有着深切的影响。家庭教育在过去认为是父母对孩子有目的有意识的影响,而在现代意义上而言,是指父母与孩子相互作用、相互影响的过程。

---

① 孙俊三,邓身先.家庭教育学基础[M].北京:教育科学出版社,1991.
② 赵忠心.家庭教育学[M].北京:人民教育出版社,2001.

（二）家庭教育指导

中国儿童中心在《服务体系研究》（2016）一书中，将家庭教育指导视为一种指导过程，它是家庭以外的社会组织和个人针对家长进行家庭教育的过程，具有成人教育、继续教育等多种特性。我国家庭教育指导服务的主体，主要是指全国妇联、教育部门、社会机构以及社会个人，指导的对象以家长为主，指导的内容以家庭价值、家庭伦理、家庭建设、家庭教育等。

（三）家庭教育指导服务体系

国际上较早提出构建家庭教育指导服务体系的国家是日本，早在1947年，日本便出台了《教育基本法》，规定了国家及地方政府在振兴家庭教育中所应承担的职能和任务。进入新世纪以来，为进一步推动家庭教育良性发展，从地方到中央，我国一直着力构建一个完备的家庭教育指导服务体系。例如，2008年山东潍坊市教育局即成立家庭教育与心理健康服务中心，开展自上而下的家庭教育指导服务。2011年国务院《中国儿童发展纲要（2011—2020年）》，明确提出建设"适应城乡发展的家庭教育指导服务体系"的目标。2022年1月1日，实施的《中华人民共和国家庭教育促进法》第六条第二款规定，"教育行政部门、妇女联合会统筹协调社会资源，协同推进覆盖城乡的家庭教育指导服务体系建设"。

家庭教育指导服务体系的内涵，按照北京师范大学边玉芳教授的观点，"是指一个国家或一个地区进行家庭教育知识普及、理论学习、方法指导和资源服务的整体系统，是家校协同育人重要的组织机构和实施载体"[①]。

农村家庭教育指导服务体系，是我国"适应城乡发展的家庭教育指导服务体系"的重要一部分，在我国全面实施乡村振兴战略和促进全民共同富裕大时代背景下，显得尤为重要。

[①] 高书国，边玉芳. 乡村振兴背景下乡村家庭教育指导服务体系构建[J]. 教育发展研究，2022,42(10).

第二节 研究现状与意义

一、研究现状

（一）国外研究状况

国外在家庭教育支持服务体系方面的研究，主要集中在家庭教育指导的发展历程与家庭教育指导的供给方式两大方面。

1. 国外家庭教育指导的发展历程

西方发达国家对家庭教育指导的研究时间较早。美国自1897年召开了具有历史意义的第一次母亲会议以来，家庭教育以全新的面貌汇入社会大教育的洪流中，进而成为有别于学校教育和社会教育的独立的研究领域。20世纪末（1990）诞生了"家长教师协会（PTA）"，其宗旨是：家长教育和发挥家长在改进儿童受教育条件方面的作用。其后，从60年代中期起，美国广泛开展《启智方案》(*The Head Start Project*)。该计划强调家长对孩子的发展具有重要意义，要求幼儿园和学校必须积极帮助家长提高教育水平，组织家长参与儿童教育过程，以充分发挥家长的作用。该计划把家长参与和家长教育作为计划重要内容与成功的保证。

近三四十年，发达国家以家长（包括未来家长）为对象的双亲教育活动日趋活跃。如英国的"家庭和学校协会""全国双亲教育联盟"等民间团体提供母亲教育课程，学校增设的"社区服务"课程中，也包括双亲教育方面的内容；在日本，93.8%的市镇村教育行政机构举办家庭教育讲习班与讲座，地方教育行政机构为幼儿家长开展家庭教育咨询活动，并为家长编辑发送家庭教育参考资料等。日本的PTA的发展也比较充分，它是以学校的班级为基本单位，在此基础上选出年级、校级的PTA。所有的家长和教师都是PTA的成员，全国从上到下形成了由中央机构到基本单位的完整体系；在法国，以全国家庭教育学研究中心为核心，在全国主办双亲学校；在苏联，苏霍姆林斯基在帕夫雷什中学创办了家长学校,现已形成对家长普及教育知识的制度。1965年,布鲁塞尔召开的国际双亲教育组织会议,正式成立了双亲教育国际联盟。20世纪,国际教育组织召开一系列会议,并通过相关文件要求加强对家庭教育进行指导。

2. 家庭教育指导的供给方式

国外家庭教育指导的供给方式一般有四种途径:

(1)政府指导

由于政府组织的各种家庭教育指导活动的成果日益显著,美国社会各界都希望得到值得信任的家庭教育指导。日本主要依靠政府和社区进行家庭教育指导。法国通过跨部门合作支持家庭教育,法国政府在家庭教育中对儿童教育非常重视。近年来,法国的家庭教育指导形势非常壮大,已拥有庞大的工作队伍,政府还通过广泛干预来支持社会工作事业。在日本将家庭教育纳入《教育基本法》;日本加强立法对家庭教育进行支持起到了很好的效果。

(2)社区教育

从20世纪50年代起,美国各州、各市地甚至各社区都开始开展轰轰烈烈的家庭教育指导活动。1965年,美国国会通过了"经济机会法",其中一项重要内容是要求掀起"启智方案"教育运动,为贫困家庭提供服务。"启智方案"活动的教师多为志愿人员。"启智方案"活动获得成功,但是其缺乏统一组织、更专业的背景和科学管理的缺点也暴露无遗,各阶层呼吁专业的家庭教育指导的要求日渐强烈。

(3)学校指导

美国政府对学校有很高的要求,比如学校要积极帮助家长提高家庭指导的水准,并积极带领家长参与学校的教育活动。在美国家庭教育是融入学校教育体系中的,美国基本以学校教育、家庭与学校合作为围绕点,以促进学生学习知识的角度出发,通过国家部门出台一些将家庭教育融入学校教育体系的法律政策及支持家庭教育的项目。

(4)家庭教育指导师

这是一种职业或职业资格。在欧美等发达国家,每300人就拥有1名家庭教育指导师,全美国拥有家庭教育指导师80万人。作为一名专业人员,家庭教育指导师需要掌握相关学科的最新理论和理念,包括儿童心理、智力与非智力开发、家长的教育角色与教育方法、胎教与优生、

第一章　绪论：新时期农村家庭教育指导服务研究

理财、励志、择业就业教育、伦理道德与法制教育、情商与心理健康教育、性教育与爱情教育等，家庭教育指导师的服务范围，从十月怀胎到临终关怀，相当于遍及整个生命过程，同时矫正家长的错误教育方式。家庭教育指导师是一种有偿的服务产品，属于私人产品的范畴。

（二）国内研究状况

我国对家庭教育指导工作的研究，可以从两个维度进行分析，第一是家庭教育指导工作的实践发展，第二是我国家庭教育指导服务体系建设的理论发展状况。

1. 我国家庭教育指导工作实践发展历程

我国在20世纪五六十年代，家庭教育重新得到重视，但是有关家庭教育及家庭教育指导的研究直到80年代才逐渐开展起来，借鉴国外的经验提出了家校合作问题，其中包括对家庭教育指导的探索。90年代初，国务院、全国妇联颁布了《全国家庭教育"八五"规划》，明确了教育部门、妇联有家庭教育指导的职责，规定由各级妇联牵头实施家庭教育指导。《全国家庭教育"九五"规划》及《全国家庭教育"十五"规划》将"各级妇联牵头实施家庭教育指导"改为由学校牵头妇联配合，以学校指导为主。1994年8月发布的《中共中央关于加强和改进学校德育工作的若干意见》中第15条明确提出了"要通过家长委员会、家长学校、家长接待日等形式，同学生家长建立联系，大力普及家庭教育知识，吸收家长参与教育过程。建立校外教育网点，使学校德育向校外延伸"。《90年代儿童发展规划纲要》在"策略与措施"中，规定要"发展社区教育，建立起学校（托幼园所）教育、社会教育、家庭教育相结合的育人机制，创造有利于儿童身心健康、和谐发展的社会和家庭环境"，"利用各种大众传播媒介和群众喜闻乐见的形势，开展全国性家庭教育宣传、咨询、服务工作"。这为我国新时期的家庭教育指导提供了依据，极大地促进了家庭教育及家庭教育指导的研究和发展。在中共中央、国务院1993年颁发的《中国教育改革和发展纲要》中指出："政府、社会、家长要认真履行自己的义务，保证适龄儿童入学，制止学生的辍学。"其中第四部分，第37条中明确了"全社会都要关心和保护青少年的健康成长，形成社会教育、家庭教育同学校教育密切结合的局面。家长应当对社会负责,对后代负责,讲究教育方法,培养子女具有良好的品德和行为习惯"。

进入新世纪以来,随着基础教育新课程改革的推进,家庭教育也被逐渐重视起来。多地教育部门开始主导和推进家庭教育,如山东省潍坊市教育局在 2002 年开始启动"亲子共成长"工程,成立家庭教育与心理健康指导中心,主动承担起家长教育责任,进而在学校里开设家长家庭教育课程,指导家长开展家庭教育,积极探索"学校—家庭"合作的家庭教育工作模式。2010 年,全国妇联向全社会发布了《全国家庭教育指导大纲》,所有这些都标志着政府主导、多元参与的家庭教育指导服务体系正在逐步地形成和健全。在家庭教育指导的实践活动中,上海市走在全国的前列。

继 2011 年国务院印发《中国儿童发展纲要(2011—2020 年)》,全国妇联等七部委联合发布《关于指导推进家庭教育的五年规划(2011—2015 年)》以来,几乎每年都有家庭教育工作的相关意见、规划、规范等出台,有效指导和推动全国各地广泛开展了家庭教育指导服务体系的建设行动。2013 年确定了一批全国家庭教育指导服务体系试点市,创造了很好的建设经验。例如,河北唐山创建了具有唐山特色的"普惠产品 + 开放平台 + 枢纽服务"的家庭教育指导服务体系;天津市在深入实施"母亲教育"工程、推进"百万母亲进学堂行动计划"基础上,又启动了"家庭教育指导与服务进社区"项目,帮助家长提高自身素质,促进父母和子女共同成长。但是,针对广大农村的家庭教育指导服务体系建设行动,仍然缓慢而任重道远。

2. 家庭教育指导的理论研究综述

关于家庭指导的基本理论,赵忠心、杨宝忠、李洪曾等,从家庭教育指导的性质、指导模式、指导形式、指导内容、指导者、指导教材等方面进行了深入研究。

(1)家庭教育指导性质的相关研究

天津师范大学教育科学院杨宝忠教授的著作《大教育视野中的家庭教育》(北京:社会科学文献出版社)及上海市教科院李洪曾老师的文章《目的、任务、性质、渠道》中,对家庭教育指导的性质作了阐述:家庭教育指导是整个国民教育体系中的一个组成因素,它是主要以家长为对象的一种成人教育,但必定又是一种业余教育,作为为家长提供对子

第一章 绪论：新时期农村家庭教育指导服务研究

女进行有效教育知识和方法的家庭教育指导又带有师范教育的性质。

（2）关于家庭教育指导模式的研究

李洪曾认为："家庭教育指导模式，是指在一定的家庭教育指导理论指导下，适合一定的指导单位和一定的指导对象的，对家长和儿童带来一定效果的，在指导的组织、对象、内容、形式及其有关要素上相对稳定的范型。""目前家庭教育指导模式主要表现为家庭教育指导的组织管理层面的指导模式、家庭教育指导对象层面的指导模式、家庭教育指导内容层面的指导模式和家庭教育指导形式层面的指导模式。"上海市妇联康惠君老师在《家庭教育"六化"指导模式的创建与策略》中指出，上海家庭教育取得成功的重要抓手主要是成功探索出一条"社会化、规范化、专业化、多元化、个性化和科学化"的家庭教育指导模式。广州市教育科学研究所的蒋亚辉在《家庭教育指导模式探析》中提出以学校为主导的指导模式、以社团为主导的指导模式、以社区为主导的指导模式，三种模式各有优势，相互借鉴，弥补不足，形成有利于家庭教育事业发展的教育指导合力。在中国知网以"家庭教育指导服务体系"为内容对文献篇名进行检索，截至2019年仅有6篇文献，其中主要是对"家庭教育指导服务体系"建设模式的思考、理论研究，如2019年潍坊学院王金素和魏晨明的"立体多维"家庭教育指导服务体系模型构建研究；2015年首都师范大学罗爽对台湾地区家庭教育指导服务体系建设的经验做了研究，提出了对我国大陆家庭教育指导服务体系建设进行借鉴。

（3）关于家庭教育指导形式的研究

杨宝忠在《大教育视野中的家庭教育》中将家庭教育指导的形式分为个别指导和集体指导两大类。个别指导形式包括：家庭访问、在校接待、单独咨询、电话联系、信件来往、家校联系册和电子信箱等；集体指导形式包括家长会、讲座与报告会、经验交流会、专题讨论会、大众传媒教育开放活动、亲子活动等。李洪曾把家庭教育指导的常用形式分为："个别指导""集体性指导活动"和"文字音像资料的介绍、推荐和提供"三类。

（4）关于家庭教育指导内容的研究

李洪曾认为家庭教育指导内容主要包括：

①向家长介绍、提供有关儿童发展、学校教育和家庭教育的基本规律、理论知识和实际情况。

②介绍儿童所处年龄段在生活和学习中以及家长在家庭教育中容

· 9 ·

易出现的问题,并提出供家长参考的处理意见和建议。

③围绕社会热点问题和学校中心工作与家长交换意见。

(三)国内外研究评述

1. 国外家庭教育指导方面有很多是值得我们学习的

比如,政府的重视与法律的制定、社区和学校的积极响应、配合等都对家庭教育起到了很好的保障作用。但是国外家庭的基本构成比我国的一般家庭丰富,兄弟姐妹好几个,这样无论家长的育人观念还是子女的发展定位,其目标、心态、方法和途径都与我国的家庭教育存在较大差异。因而,关于家庭教育指导的研究,我们不能照抄照搬,而应该根据我们的国情进行本土化的研究。

2. 我国在家庭教育指导上已经做了很多相关的理论研究

我国在家庭教育指导上虽然已经做了很多相关的理论研究,但是仍然存在部分家长缺乏相应的家庭教育指导理念、在家庭教育指导工作中缺乏系统性、组织体系单一、缺乏考评体系、不能满足不同层次的家长需求、相关的产业发展上还比较滞后等。特别是针对农村的家庭教育指导服务等,缺乏系统性的研究和建设实践。

二、研究意义

(一)理论意义

本书在已有研究的基础上,对农村家庭教育指导服务体系建设明确定位,并从农村家长对家庭教育指导需要出发,结合农村家庭教育指导体系建设中存在的问题,提出新时代农村家庭教育指导服务体系的管理体制与运行机制,为我国农村家庭教育服务体系的建构、农村家庭教育指导服务队伍建设与评价提供理论支持,这将对家庭教育指导理论的完善与系统化具有重要的理论价值和学术价值。

第一章　绪论：新时期农村家庭教育指导服务研究

（二）实践意义

本书构建的农村家庭教育指导服务体系，对于提高农村家长家庭教育的理念，提高农村家庭教育指导服务的水平，促进每一个孩子的健康成长具有重要的现实意义；对农村家庭教育指导服务体系的建构、人员的配备、指导内容的深化与专业化、评价体系的建立等具有现实的指导意义。同时，本书的成果可以为我国家庭教育指导服务体系的布局发展、制度保障、教育投入等方面提供现实的依据。

第三节　研究内容与创新点

一、研究内容

（一）研究的基本内容

1.农村家庭教育指导服务体系的内涵、管理体制、运行机制和评价机制研究

（1）进行文献研究。对县域农村家庭教育指导服务体系建设的状况进行总体描述，并对当前农村家庭教育指导服务体系构建中存在的问题进行分析。

（2）进行抽样调查研究。主要调查对象为负责农村家庭教育工作的有关部门，包括县乡的妇联系统、教育行政系统、卫生计生系统，以及农村社区、中小学和幼儿园等。调查的内容包括：建设农村家庭教育指导服务体系的有关政策机制、经费、阵地、队伍、指导活动及效果等。

（3）对农村家庭教育指导服务体系的管理体制、运行机制和评价机制方面的对策进行研究。

①管理体制方面，主要研究农村家庭教育指导服务体系建设的政策法律制度，政府部门在管理范围、权限职责、利益及其相互关系，以及管理机构的设置、各管理机构职权的分配和各机构间的相互协调等问题。

②运行机制方面，主要研究农村家庭教育指导服务体系建设中的县乡政府主导的运行机制，幼儿园和中小学为指导主体的运行机制，社会组织参与指导服务的运行机制等问题。

③评价机制方面，主要研究农村家庭教育指导服务体系建设的效果及其结果的使用。

2. 不同年龄阶段人群、不同类别家庭教育指导服务的内容和方法研究

从农村家庭教育指导服务对象看，大致可以分为未婚青年、孕前夫妻、孕中母亲，以及子女入园前、入园后、入校后家长等六大类人群；从农村家庭类别来看，有完全家庭和不完全家庭区别，有亲职抚养家庭与隔代抚养家庭等。

本书主要从不同家庭实际需要出发，研究农村家庭教育指导服务的基本目标、基本内容、基本方法以及效果评价等问题。

3. 农村家庭教育指导服务队伍建设研究

队伍建设是农村家庭教育指导服务体系建设的根本。本书将以农村家庭教育指导理论研究队伍、一线指导服务实施队伍和管理队伍，从队伍建设的目标、要求及专业发展等方面开展研究。

4. 农村家庭教育指导服务体的信息化建设研究

信息化建设是农村家庭教育指导服务体系建设的时代要求，贯穿于整个体系建设之中。本书将研究省内家庭教育信息化建设的现状、经验和发展趋势，探索如何优化互联网的支持服务平台，以提高农村家庭教育指导服务的便捷性和高效性。

5. 台湾地区农村家庭教育指导服务体系建设研究

台湾省是我国最早实行"家庭教育立法"的地区，在家庭教育指导服务体系建设中，有成熟的理论体系与实践经验。本书联合台湾新人类文明文教基金会的学者一同研究台湾地区家庭教育及其指导服务体系建设经验，为农村家庭教育指导服务体系建设提供借鉴。

第一章　绪论：新时期农村家庭教育指导服务研究

（二）主要目标与观点

通过本书的研究，为建设科学、规范、便利、实用、覆盖区域广、覆盖人群多的"立体多维"农村家庭教育指导服务体系提供理论支持和决策依据。这个"立体多维"体系可以这样描述：体系顶层属于顶层设计，是优质"菜单"，即指科学、规范的家庭教育理念和不同年龄阶段及不同类别家庭的家庭教育指导服务的内容，底层是"顾客"，即指具有不同需求的家庭教育指导服务对象；中间有三个主要载体，分别是政府、中小学和幼儿园以及社会组织；谁来将优质的"菜单"通过三大主要载体，提供给需要服务的对象——"顾客"，有三件事情需要做好，即始终贯穿体系上下的"三条线"：一是具有优良素质的专兼职家庭教育指导服务队伍，包括理论研究、专业指导与实施及管理队伍；二是具有顺畅的管理体制、协调灵活的运行机制和具有积极导向作用的评价机制；三是整个体系建设中，始终把信息化建设贯穿其中，通过新媒体手段尽快、便捷地输送到服务对象。这样一个服务体系的建设，将为和谐家庭、和谐社会建设以及社会的发展作出应有的贡献。

（三）拟解决的问题

1. 拟解决的关键性问题

管理体制顺畅、运行机制协调、评价机制有效是农村家庭教育指导服务体系建设的体制和制度保障，是整个体系建设中的关键环节。管理体制方面，主要研究家庭教育指导服务体系的政策法律，政府部门在管理范围、权限职责、利益及其相互关系，以及管理机构的设置、各管理机构职权的分配和各机构间的相互协调等问题；运行机制方面，主要研究政府主导运行机制、农村幼儿园和中小学主要载体运行机制、社会组织参与竞争运行机制等问题；评价机制方面，主要研究指导服务的效果及其结果的使用。

2. 重点问题

（1）农村家庭教育指导服务的内涵、管理体制、运行机制和评价机制研究。这是关系到农村家庭教育指导服务体系建设的关键环节。

（2）不同年龄阶段人群、不同类别农村家庭教育指导服务的内容和方法研究。这是农村家庭教育指导服务体系建设的核心内容。

3. 难点问题

（1）如何运用科学的调查方法和分析方法。本书涉及大量的调查研究，调查的科学性影响研究的质量。

（2）农村家庭教育指导服务体系建设的评价标准、评价实施的科学性。

二、研究创新点

（一）研究内容的系统性、全面性和逻辑性

本书从学理层面出发，按照"为什么指导—指导什么—怎样指导—谁来指导—指导得怎样"逻辑关系开展研究，从不同年龄阶段人群、不同类别农村家庭教育服务需求的调查研究开始，逐步展开，不仅保证了研究内容的系统性、逻辑性，也使家庭教育指导服务的体系建设更具科学性和系统性。

（二）研究视角的新颖性

一是以供给侧改革为指导思想，从不同指导服务对象的实际需求出发，开展研究，使研究更具针对性、实用性。

二是始终关注信息技术在体系建设的作用和使用，信息技术已经改变了人们的思维方式、学习方式、生活方式、交往方式等，关注信息技术作用及其利用，以保证体系建设更加便捷、实用，体现时代特点。

（三）比较研究

本书由大陆学者和台湾学者共同组成，分工协作，从不同的经验与视角研究农村家庭教育指导服务体系建设的问题与对策，保证研究的先进性和实用性。

第二章 新时期农村家庭教育新理念

农村家庭教育对于个体发展而言意义重大。为了对农村家庭教育有一个充分的了解,本章主要分析新时期农村家庭教育新理念,包括农村不同年龄阶段儿童的农村家庭教育、农村家庭教育的特点与原则、农村家庭教育的方法与对策、农村家庭教育中家长的自身修养。

第一节 农村家庭教育理论分析

一、农村家庭教育的背景——农村教育

(一)对农村教育的理解

对农村教育概念的界定是研究中国农村教育振兴的逻辑起点。学术界对于农村教育的概念有多种意见,但是从宏观上看,农村教育是指服务于农村建设和农村经济发展的一切教育,"既包括农村的学校教育,也包括其他非正式、非正规的农村教育活动,以及城市里的直接或间接服务于农村发展需要的普通高等教育与中等、高等职业教育等"[1]。因此从理论上讲,农村教育既包括广大学龄儿童、青少年的学校教育,也包括成年村民的成人职业教育和技能培训教育。从微观上看,农村教育主要是指农村的学校教育,主要集中在义务教育阶段,包括学龄前教育,小学、初中的九年义务教育。它们是阶段进行的有组织、有目的地以学

---

[1] 田静.教育与农村建设:云南一个贫困民族乡的发展人类学探究[M].北京:中央编译出版社,2013.

龄儿童的全面发展为目标的教学实践活动,是我国农村教育的重要根基,决定着我国农村发展的整体教育水平,影响着农村社会、经济、文明的发展速度和发展程度。

关于农村教育,我们可以从以下两个视角来理解:

1. 空间视角

空间视角主要指的是从地域的维度来理解和解读农村教育,以地域视角来看,农村教育有别于城市教育,"农村"主要是指城镇地区以外的其他地区,我们平时所说的集镇和农村等都属于农村的组成部分和内容。其中,集镇主要是由集市发展而成的作为农村一定区域经济、文化和生活服务中心的非建制镇。农村指集镇以外的地区。此外,国家统计局《关于统计上划分城乡的规定》指出,"农村是指本规定划定的城镇以外的其他区域,包括乡中心区和村庄"。也就是说,农村教育是指乡中心区和村庄的教育,这一部分是我国整个学校教育的重要组成部分,对于我国的社会主义现代化建设具有重要的意义。

2. 价值视角

从价值视角来分析农村教育具有重要的现实意义,目前很多专家及学者主要持以下观点:第一是以肯定的视角看问题,从这一视角来看,农村教育的历史传统和文化底蕴更加浓厚,这是城市教育无可比拟的,其发展的好坏在一定程度上影响着中国教育的质量。第二是以否定的视角看问题,受中国封建传统思想的影响,中国的农村教育也呈现出落后、野蛮等的一面,它比较排斥"现代文明",在一些地方与现代文明显得格格不入,因此加以改造是不可避免的。为适应现代社会发展的形势,农村教育要加快改革与发展的步伐,努力向城市教育看齐,不断完善自身才能为社会培养大量的高素质人才。

农村教育是我国教育的重要内容和组成部分,其发展无论对于国家还是个体都具有非常重要的意义。农村教育的健康发展有利于我国的社会主义现代化建设,有利于人民群众的和谐稳定与团结,对于个体的文化涵养和人格塑造也起着非常重要的作用。综上分析,可见农村教育的重要价值与意义,农村教育不仅是我国社会教育的重要内容,也是我国农村社会的有机构成部分,对于农村儿童的健康成长,对于美丽农村的建设,对于社会的和谐稳定均具有不可磨灭的作用。

农村教育的内涵非常丰富,我们可以从宏观、中观及微观意义上来理解。宏观的农村教育主要是指为农村建设和发展服务的一切教育,其教育对象不仅仅是指农村的学龄儿童和村民。中观的农村教育主要是指农村地区的教育,它既包括通常意义上的学校教育,也包括农村地区的其他一些文化、风俗等教育活动,其目的是促进农村儿童的健康成长与发展,促进农村的教育与社会发展。微观的农村教育主要是指农村的学校教育,主要是对适龄儿童进行有目的、有组织的身心教育的一种实践活动。

（二）农村教育的特征

1. 农村教育内容的实用性

农村教育有着多种多样的功能,如传承民族文化的功能、普及科学知识的功能等。这一功能是农村教育发展之初就有的,对于整个人类社会的发展起着重要的作用。但对于一般的农村居民而言,农村教育的这一功能并没有得到很好的彰显,他们更加注重农村教育的经济功能,即子女上学的主要目的在于考取好的学校,有好的出路,能改善自身的生活质量等。这在一定程度上表明了村民们对科学技术知识的渴求,同时也反映出农村教育功能的实效性特点,因此说实用性是农村教育的一个重要特征。

我国是一个人口大国,其中农村人口占据非常大的比例,因此,重视农村教育的改革与发展非常重要。与城市中的家庭子女相比,农村中接受高等教育的学生要处于一个较为落后的局面。很多农村学生在接受完九年义务教育后选择务农或进城打工。针对这一情况,农村教育部门应认真细致地研究教育的模式,大力培养实用性的农村人才,解决农村学生"升学无望,就业无路,致富无术"的问题。因此农村教育要高度重视教育的实用性特点,这样才能提高农村教育的质量,促进农村教育的发展。

2. 农村教育地位的基础性

农村教育还具有地位基础性的特点,这一特点主要从以下三方面得到体现：

第二章 新时期农村家庭教育新理念

第一,我国农村教育层次较低,即九年义务教育阶段的教育,在这一阶段,农村学生接受学校的教育,村民们也能从中受到一定的文化启蒙。

第二,我国是一个人口大国,也是一个农业大国,农村人口在全国人口中占有很大比例,因此加强农村人口的素质教育非常重要。据粗略统计,我国有一半常住人口在农村,他们主要接受农村学校教育。因此,可以说我国农村教育的发展非常重要,我们要结合时代发展的形势,不断加强农村教育的改革与发展,促进农村居民文化素质的发展和提高。

第三,我国地域辽阔,人口众多,农村可以说是一种长久的存在形式,农村教育在我国社会主义现代化建设中发挥着非常重要的作用。我国地广人多,有很多边疆地区,这些地区的地理位置比较特殊,存在着大量农村,某种意义上而言,这些地区的村民就是站在"固疆守土"第一线的战士,因此,加强他们的素质教育非常重要,这些边疆地区的农村教育因此也具有了国防教育的性质,这也是我国农村教育基础性作用的一个重要体现。

(三)农村教育的目的

1. 农村教育目的的演变

不同国家、民族和地区由于政治背景、经济水平、文化风格等存在差异,因此各国、各民族和各地区的农村教育的目的也存在差异,主要表现为目的侧重点的差异。农村教育的目的随着国家的发展而不断演进,大体上经历了下列三个发展阶段:

(1)第一阶段:以服务政治为目的

在一些发达国家农村教育发展早期,为了使国家政治更加稳固,国民素质得到提高,在全国范围内大力推动义务教育的普及,农村集聚了大量的人口,也同样推行义务教育,并以服务政治为目的。

(2)第二阶段:以服务经济为目的

随着人们认知水平的提升和实践经验的丰富,关于农村教育的研究也不断深入,从单纯研究农村教育的教育价值向研究教育的经济价值不断深化,并提出农村教育对促进农村经济发展的重要意义。基于对农村教育经济价值的深入认识,农村职业教育得到重视,农村职业教育在基本文化学科的基础上融入满足生产需要的教育内容,对农村职业培训给予高度重视,从而提升了农民的文化水平和农业实践操作技能水平,进而促进了农业经济的发展。为了更好地发挥农村教育的经济价值,使其为国家经济发展做出巨大贡献,一些发展中国家建立了农村综合教育基地,将农村义务教育与职业技术教育有机整合,从而更好地促进经济的发展。

(3)第三阶段:以服务农村发展为目的

20世纪90年代开始,世界各国的农村经济逐渐发展起来,但随之而来的是农村生态环境遭到严重破坏。在这一背景下,农村教育促进农村社会可持续发展的价值被挖掘和重视,农村教育逐步由服务经济向服务农村发展为目的,这里的农村社会发展不仅指农村社会经济发展,也指改善农村人口的生活环境和生活质量。

2. 农村教育目的的功能

教育目的具有重要的导向功能、教育功能、社会功能和评价功能,农村教育目的作为教育目的的组成部分之一,同样具有这些功能。

(1)导向功能

一切农村教育工作都要以农村教育的目的为出发点,并最终指向教育目的的实现。明确而适宜的农村教育目的对农村基础教育、职业教育、成人教育等教育活动的开展,尤其是学校基础教育课程的设置具有重要的导向意义。学校从农村教育目的出发而开展教学工作,在农村教育目的的指导下对学校全局工作展开调控。

(2)教育功能

农村教育的目的具有重要的教育作用,不仅是对受教育者有教育意义,对教育者同样有教育价值。农村教育的目的是明确指出农村教育的方向,使农村教育沿着正确的方向不断发展,使受教育者逐渐达到教育目的中提出的"做人标准",并使教育者和受教育者树立宏伟理想,立志报效祖国,回报社会。

(3)社会功能

在我国教育目的的影响下,农村教育目的不仅对人才培养的标准做了规定,同时对培养对象将来的服务对象和服务方向做了明确,使农村教育的广大对象立志将来投身于农村社会建设,建设家乡,保护家乡,为家乡人民而服务。

（4）评价功能

任何教育形式的教育目的都具有评价功能,农村教育目的自然也不例外。有很多标准可以用来对农村教育工作质量进行衡量,但有一条标准是必不可少的,即教育目的中提出的关于人才培养的规格是否一一达到。对农村教育的特色进行评价时也要参照农村教育的目的。

3. 农村教育目的的构建

（1）农村教育目的以人的发展为旨归

教育目的有两种层次类型,一是个人本位,二是社会本位。发展人的个性是个人本位下教育目的的重要主张;为社会发展服务、促进社会进步是社会本位下教育目的的重要主张。随着全球教育的不断发展,这两种层次的教育目的渐渐走向融合,因为社会的进步与发展离不开无数个体的推动,而推动社会发展的人应该是符合社会需求的新型人才,既具备专业知识和专业技能,又具备实践能力和创新能力。所以说,根本上而言,教育的目的终究以人的培养与发展为旨归。因此说,我们判断农村教育目的的实现情况,最终要以受教育者的发展为落脚点,为推动受教育者在农村教育中实现全面发展,必须坚持科学指导思想,即"以人为本"和"全面发展"。

①"以人为本"指导思想。在农村教育中坚持以人为本的指导思想,就是要结合受教育者的乡村生活而进行教育,使受教育者深刻认识到农村教育就是为自己开展的教育,通过农村教育而提升受教育者的文化素质与生存技能,使受教育者的精神世界更加丰富,综合素质得到提升。这才是以人为本思想在农村教育中的真正贯彻落实。

农村教育在以人为本的指导思想下应强调教育的人性化、生命化,克服传统教育异化和物化的弊端,不再将农村教育当作工具,而是对农村教育本身存在的价值进行探索,将功利化内容去除,留下本真的内容,通过实施这些教育内容而促进受教育者的发展。在人本主义视角下进行农村教育改革和教育实验,应对农村生命价值予以尊重,遵循农村生活规律,突出农村教育的人性化和个性化,使农村受教育者看到自己的价值,明确自己的未来目标,最终实现自我发展价值。

②"全面发展"指导思想。在不同历史时期,因为社会条件的不同,人的全面发展的内涵和层次也各有差异,但不管我们在不同的历史时期如何理解全面发展,"不断追求自身的完善"作为全面发展的实质是始

终不变的。全面发展中的全面并非绝对的概念,而是相对概念,主要指的是人发展的自主性、多元性和各种可能性。我国教育事业的发展一直都以马克思主义的全面发展学说为指导思想。在全面发展观下,我们将人的全面发展的内容概括为五个方面,分别是德、智、体、美、劳,并围绕这五个方面展开全面教育。全面发展学说对农村教育也具有重要指导意义,我们在全面发展视角下开展农村教育工作,但因为农村教育之前很长一段时间被作为功利主义的工具,而且受到城市中心主义的影响,所以我们只是机械或片面地理解农村教育目的的全面发展,并没有真正做到包含德、智、体、美、劳在内的全面教育,这就导致农村受教育者的发展不仅不完整,而且还千篇一律。

需要强调的是,农村社会在不断进步,农村教育也在不断发展,不同历史时期的农村社会实际和农村人对教育的需求是存在差异的,因此我们必须随着农村社会的演进而不断更新农村教育目的中的全面发展的内涵,立足现实而重新审视农村教育目的中的全面发展,同时要始终坚持人的全面发展的本质来努力促进各个历史时期农村人的全面发展。

(2)农村教育目的服务于农村发展

在中国特色小康社会的全面建设进程中,我国高度关注"三农"问题,与"三农"问题息息相关的农村教育问题也受到普遍关注。农村教育问题中有一个"离农"教育的问题,即为培养高水平技术人才,以城市为中心,培养离开农村进入城市,融入城市主流文化的人才,而不是培养回归乡土文化的人才。"离农"教育为农村学生涌入城市接受城市教育而提供了可能性,最终导致农村地区人力资源严重缺乏,加剧城乡不平等。"离农"教育也导致农村教育与农村社会渐行渐远,最终对农村的发展造成阻碍。

除了"离农"教育的问题,农村教育中还存在一个"为农"教育的问题,即让农村学生扎根农村,将来为促进农村建设和农村社会发展而服务。但是我国农村家庭基本都希望孩子们能够走出农村,在城市扎根,因此使"离农"和"为农"成为城乡二元结构下的一对矛盾。如果从农村社会自身的发展来看,农村教育倡导的是"为农",强调农村教育的目的为农村社会建设与发展而服务,缩小城乡教育差距,并以教育为突破口而将城乡二元对立结构打破。所以要对合理的、服务于农村社会发展的农村教育目的进行制定,具体从以下两方面来分析:

①建立为农村培养实用性人才的目标。教育目的对教育活动的

开展有导向作用,这个导向作用具体体现在促进受教育者知识和技能提升、综合素质提升、生活改善以及自我发展等方面。在"离农""为农"的矛盾中,我们应尊重受教育者选择的自由,在此基础上对个体与社会的关系进行协调,促进个体发展和社会和谐。但鉴于农村教育的特殊性,我们发展农村教育,必须面向世界和未来,将城市与农村的需求兼顾起来,使农村教育在相对稳定的基础上保持适度灵活,并以此为基础对农村教育中不符合实际的办学目标进行改革,培养能够使农村发展需求得到满足的人才,体现农村教育对农村社会发展的高度负责。

农村社会的发展离不开农村人才,更离不开创新型人才,即掌握了先进知识和先进技能的新型人才。因此,设定农村教育的目的,必须对乡土教育资源加以整合,对创新型农村人才进行培养。现代社会科技高速发展,传统农耕方式难以使现在的生产需求得到满足,因此必须在新时代背景下对新型农民进行培养,这是制定农村教育目的要考虑的重要方面。结合我国教育体制而对农村教育进行改革时,必须加强对农村教育资源的开发利用,在这个重要的支撑条件下推动农民发展,使其掌握现代农业生产技术,提高农业生产率,促进农村经济发展。

②构建以农村教师为主导的情感教育空间。农村教师是农村社会中的重要知识分子,这个群体以教书育人为职业,以脑力劳动为主要劳动方式,以满足精神需求和实现个人价值为目的,是农村社会中进行文化传递、建构及创造的重要力量。对科学文化知识的传播及对农村受教育者智力的培养是农村教师的主要职责,他们是社会良知的代表。农村教师的作用不只是教书育人,还能重塑农村精神,优化农村风气,营造和谐的农村环境。农村教师大都有在城市接受高等教育、培训或生活的经历,他们思维敏捷,见多识广,而且在农村有了生活经历和经验后,对农村社会和乡民的了解较为全面、真实,与农村社会建立了稳固的情感关系。拥有农村情感的农村教师能够在农村教育中发现受教育者农村情感缺失的问题,并通过情感教育而使广大乡民热爱农村,努力学习,将来为建设自己的家乡做贡献。

（四）农村教育的价值取向

1. 农村教育价值取向的解释

（1）概念

农村教育价值取向是指农村教育活动主体从自身教育价值观出发，在面对或处理与农村教育活动有关的矛盾、冲突、关系时秉持的基本价值倾向。这些矛盾、冲突、关系等是与农村教育主体、主体的不同方面及不同时间在有关农村教育的需求及目的、所面临的条件及环境方面所存在的综合性联系。①

（2）特点

主体性、稳定性、制约性是农村教育价值取向的基本特征。除此之外，农村教育价值取向还有典型性特征，这主要表现在农村教育的特定教育对象上。

（3）作用

农村教育价值取向的主要作用在于，对农村教育活动主体进行正确的价值选择而予以引导，为农村教育活动主体参与农村教育的所有相关活动而提供科学指导。

2. 农村教育价值取向的时代境遇

农村教育价值取向是一种教育价值观，得到了社会大多数人的认可，具有自身的优势和特点，能够将时代进步和社会发展的基本情况反映出来。不管在什么历史时期和社会背景下，农村教育都需要在农村教育价值取向的引导下走向未来。所以一般要基于对农村教育发展的社会条件与时代背景的正确理解来进行农村教育价值取向的分析与研究，如此能够对农村教育价值取向的走向有真实而确切的判断。在国家现代化、新型城镇化、人类全面发展等现实背景下，农村教育价值取向要对这些现实问题与现实需求全方位关注，并基于此而引领农村教育向前发展，进而使这些现实需要得到满足，推动国家、社会、人类的可持续发展。

---

① 李森，崔友兴. 社会变迁中的农村教育[M]. 福州：福建教育出版社，2017.

第二章　新时期农村家庭教育新理念

现代化是中国近代以来的历史主题,是我国不断追求的伟大理想,中国现代化发展离不开教育这股基本力量的推动。当前我国现代化发展处于重要转型期,即两次现代化发展叠加,在还未彻底实现工业时代(第一次现代化)的同时迎来了知识时代(第二次现代化),国家经济出现工业经济、知识经济并存的现象。在这一特殊的历史时期,农村教育价值取向要引导农村教育同时为这两种现代化而服务。中国现代化进程使农村教育价值取向适应工业化、城市化的发展需求,促进农村现代化。此外,随着人的现代化及人类精神文明的发展,教育改革不断朝发现人、解放人的目标前进,在这种新的诉求与趋势之下,农村教育价值取向需要回归乡土,赋予村民乡土气息,引导村民认同农村文化,进而鼓励村民为农村建设而服务。

3. 农村教育的主要价值取向

(1)国家层面的价值取向——新型城镇化价值取向

所谓新型城镇化,是一种包含大中小城市、小城镇以及新型农村社区在内的各方共同协调发展的城镇化,其主要特征表现为城乡一体、节约集约、产业互动、城乡统筹、生态宜居、和谐发展等。这里所说的"新",体现在从对城市空间和规模进行扩张和扩大的片面追求,逐渐过渡到向全面提升农村和城市的公共服务、文化品位等,从而促使农村和城市逐渐提升为具有较高品质适合人们居住的场所。

新型城镇化是一种逐渐实现社会信息化、区域城镇化、新型工业化和农业现代化的循序渐进的发育过程。其核心就是着眼于农民,关注农村,致力于实现城乡公共服务和基础设施均等化和一体化,从而更好地促进城乡经济社会得到和谐、繁荣发展,最终实现城乡共同富裕的目标,它不以牺牲环境和生态、粮食和农业为代价。

从上可知,新型城镇化就是通过将资源进行有机组合和相对集约,从而促使农村和城市的内涵得到提升,以实现城市和农村社会经济一体化,更好地引导城市和农村社会经济得以全面、健康、可持续发展。从这一层面来看,农村教育所应具有的价值取向需要进行以下调整:

①始终秉持新型城镇化所孕育的精神和内涵

在过去,二元思维,即非此即彼的思维方式,在农村教育价值取向中体现得淋漓尽致,这导致其在"城市中心"和"农村中心"之间摇摆不定。此外,在"城市中心"与"农村中心"的影响下,农村教育价值取向在价值选择上出现了矛盾。因而,农村教育价值取向需要在新型城镇化的引领之下,回归到基于农本主义和服务于农本主义的立场,促进农村儿童的健康发展。

②要重视兴农

在新型城镇化中,新型农村社区建设以及小城镇的培育是其着重强调的,要关注农民,关注农村,实现"三农"现代化。这说明,促进农村振兴、健康可持续发展,以为城乡和谐发展服务,是农村教育价值取向的重要体现。

(2)社会层面的价值取向——社会发展价值取向

就目前来看,导致农村村民远离乡土的根本原因,就是原有的农村社会已经无法对其产生吸引力。由于受到工业文明的强烈冲击,农村社会所建立起来的农业文明已逐渐丧失其所具有的社会竞争力,原有的农村社会文化、经济、政治等在工业文明的冲击下解构,但在工业文明背景下新的农业文明的再生尚没有完成。这就造成了农村社会无法像城市社会那样能够提供给村民更多的机会,为了更好地生存和发展,越来越多的村民开始远离乡土到城市打拼。由此可以看出,从某种程度上来说,农村社会只是给村民提供了能够留下来的可能性,只有农村社会获得较好发展,村民才真正愿意留下来,甚至可以让那些已经远离乡土的村民重新回到农村发展。

社会主义新农村建设要求农村社会要实现乡风文明、生活宽裕、管理民主、生产发展和村容整洁,这就需要农村教育要在其中积极发挥其作用,从文化、政治、经济等方面来促使农村社会获得更好的发展。

第一,农村中小学要对学校周围以及农村所拥有的课程资源进行积极挖掘,从而构建起社区和学校共同进步的教育模式,从而促使社会经济得以更好地发展。

第二,对于农村发展来说,教师在农村文化、政治生活中扮演着极其重要的角色。这就需要农村教师能够积极走出校园,带领学生为农村社区提供力所能及的服务,从而在弘扬乡土文化、推进农村民主、纯化乡风民俗等方面做出应有贡献。

第三,结合农村发展的具体实际情况,来对农村职业教育学校和农民教育机构进行建设,对农民开展生活技能、生产技能等方面的服务。

二、农村教育的现状与发展困境

在我国全面推进科教兴国战略和人才强国战略的当下,农村教育受到高度关注和重视。农村教育是我国教育事业的重要组成部分,落实农村教育改革事宜,推动农村教育发展,对实现农村振兴的战略目标及提高中国教育改革成果具有重要意义。在农村教育改革与发展中,首先要从宏观上全面了解中国农村教育的现状、面临的困境以及存在的问题,然后基于现状而采取具有针对性的改革与发展策略。此外,还应从农村教育改革与发展的历史经验出发总结出科学的发展规律与发展趋势,为农村教育未来持续健康发展提供科学有效的指导。本章重点从中国农村教育的现状、困境、问题、发展规律与趋势等几个方面出发探讨中国农村教育的改革与发展。

(一)中国农村教育的现状分析

1. 农村教育与农村振兴的互动发展

我国农村教育的发展与农村振兴之间存在密切的关系,下面从两个方面来分析。

(1)农村振兴要求优先发展农村教育

农村振兴离不开大量的优秀人才,而培养人才则依赖教育。因此,要推进农村振兴战略的实施,就要将农村教育置于重要位置而予以重视并优先发展。通过大力发展农村教育,对科学知识进行传播与普及,培养优秀人才,使优秀人才在农村建设中做出贡献。总之,农村教育在农村振兴中的重要地位和作用是无可替代的。

(2)农村教育为农村振兴服务

农村能否实现振兴目标,关键在于教育,因此在农村振兴计划的实施中,要优先发展教育。如果忽视农村教育,则不可能振兴农村经济。青年一代直接关系着国家的前途、民族的命运,只有重视对青年人的培养,才能从根本上解决农村发展的问题。搞好农村教育,培养农村青年人才是农村振兴的第一要务,农村青年人才既要对优秀的农村文化成果进行传播与传承,对农村文明予以维护,又要主动学习与接受现代城市文化,将农村文明与城市文明结合起来,为农村文明注入新鲜的因素,从而提高农村教育质量,推动农村教育的现代化,更好地为农村振兴而服务,早日实现农村振兴战略的宏伟目标。

2. 农村教育正在全面发展

随着国家相关教育战略的实施和农村振兴政策的推行,农村办学的积极性大涨。和城市教育相比,农村教育的范围明显缩小了。随着我国城市化进程的加快,农村人口大量涌入城市,农村教育也受到影响,表现为农村学校以小学和初中为主,学生初中毕业后进入城市读高中。农村教育中义务教育更受重视,因此政府对农村教育的投资大部分用于小学和初中这两个义务教育阶段,可见在农村教育中,九年制义务教育得到了保障。义务教育制度的实施使得农村适龄儿童的受教育权得到保障,这也是他们必须履行的义务,义务教育政策的落实有效减轻了农村家庭的经济负担。近年来,大学生进入农村支教的现象越来越普遍,大学生的支教行为颇受国家支持,这一方面解决了基层教育师资缺乏的问题,提高了农村教育质量,另一方面也使大学生的就业压力得到了一定的缓解。

随着农村振兴计划的推进和"三支一扶"等政策的实施,每年都有很多大学毕业生去农村从教、从医,一定程度上解决了农村发展中的教育与医疗问题,促进了农村人口素质和健康水平的提升。我国一些地区注重对基层人才的培养,每年会分配一定数量的教师(以年轻教师为主)进入农村从事教育工作。年轻教师的教学思想先进,知识较为丰富,他们在农村任教中发挥自己的作用,让农村孩子们感受知识的力量,认识外面繁华的世界。此外,年轻教师在授课时使用标准的普通话,能用先进且有趣的教学方式传授丰富的教学内容,从而使学生在课堂上集中注意力,进而提高了农村教学质量。

现阶段,国家对农村教育颇为重视,不仅从师资层面提供重要的优秀人力资源,而且提供必要的资金和教育设备,从而提高农村教育水平,使农村教育达到素质教育的要求,缩小农村学生与城市学生的差距,为国家培养优秀的栋梁之材。

总之,农村教育的改革是全面的,从教育理念的转变、教育制度与政策的实施、政府提供师资和教育设备支持以及改革课程教学等都充分体现了农村教育正在全面改革与发展。在政府与全社会的共同努力下,未来农村教育的发展空间将会越来越大,发展水平也会越来越高。

(二)中国农村教育的现实困境

1. 农村教育与新农村建设相脱节

(1)缺乏"为农服务"的意识

农村教育具有农村建设功能,即通过农村教育能够促进农村建设。农村教育的这一功能在20世纪二三十年代的农村教育活动中是广受重视的,当时开展农村教育活动很大程度上是"为农服务"的,农村教育在农村建设中被放在重要的地位,受到广泛重视。中华人民共和国成立初期,农村教育的政治功能和社会功能广受重视,但因为当时我国"重工轻农",导致农村社会发展停滞不前。

改革开放后,农村教育的社会服务功能尤其是经济服务功能受到重视,我国积极发展农村教育来振兴农村经济,拉动农村社会发展。但在城乡二元结构的影响下,城乡差距越来越明显。我国提出社会主义新农村建设的政策与规划后,农村教育改革有了准确的方向和侧重点,农村教育对促进新农村建设的重要作用再次受到重视,政府强调要通过发展农村教育而使其更好地"为农服务",但由于农村教育发展的价值取向不明确,在发展中不管是办学理念,还是办学目标,都有城市化倾向,即以城市化教育为指向而办学,农村教育仅仅是为了将更多的学生输送到城市,一切都向着城市化教育的方向与目标而改革农村教育,导致农村教育失去了自身的内涵,没有起到传播乡土文化的作用,甚至冲击了乡土文化,歪曲了农村教育的本真价与意义。因为边缘化问题的存在,农村教育与农村建设的结合不够紧密,农村教育在农村建设中没有起到应有的作用,从表面来看,新农村建设与农村教育的关系不密切,"离农"的农村教育在新农村建设中显得有些"格格不入"。

(2)农村人才培养与需求脱节

农村人才培养与需求相脱节是指,农村教育培养的人才不符合农村建设对人才的要求或不满足农村社会发展的实际需要。

首先,可用人才不足。农村教育十分重视升学率,将提高升学率、向城市输送人才作为学校教育的主要目标。那些走出农村,进入城市的学生在大学毕业之后普遍不愿意回到家乡,所以造成了这样一种局面,即农村政府大力兴办学校,投入大量的资源来推动农村教育的发展,以培养栋梁之材,但农村人才都涌向发达的城市,存在严重的人才流失问题,很少有人学有所成后自愿返乡参加建设,为新农村建设添砖加瓦,也就是说农村教育的投入多,回报少,二者严重失衡,导致农村建设中少有本土人才的参与,可用人才不足。上述现象反映出我国农村教育和农村人才培养理念本身就存在一个矛盾,即农村办学以提高升学率为目的,旨在使农村的青少年走出家乡,进入繁华的城市,在城市站稳脚跟,闯出一番天地,这样必然会导致农村人才流失,严重制约农村建设与农村社会发展。青少年有追求梦想的自由,毕业后他们有留在城市的自由,我们不能阻碍他们,但同时我们也不得不面对农村建设中可用人才不足的现实困境。

其次,与所需人才不相称。并不是所有在城市中求学的人都能在城市扎根,有的大学生毕业后或在城市工作几年后因为种种原因而选择返乡,但他们在城市上学或工作的这些年心理早就发生了变化,被迫回到农村的毕业生心理更加复杂。经历过城市的繁华,年轻人的心难免会有些浮躁,他们在农村建设与生活中难以做到脚踏实地,心无杂念,甚至有些人从根本上对乡土文化是很排斥和反感的。农村教育投入大量资源而好不容易培养的人才纷纷向城市涌入,难得回到家乡的少数人短期内又难以排除杂念,一心一意为农村建设而服务,心存杂念或排斥乡土文化的年轻人即使参与农村建设,也难以充分发挥自己的作用,为家乡建设做出巨大的贡献。农村教育投入与回报的不匹配加剧了农村教育的困境,农村教育用有限的资源培养出的人才不能为农村建设而服务,导致农村人才培养与现实需要的脱节及农村教育与农村社会发展的严重脱节。

(3)农村教师参与农村建设的积极性不高

农村教育具有为农村建设服务的功能,在农村教育改革中,要充分发挥农村教育的这一功能。这就要求农村教师不仅要教书育人,还要为振兴农村、推动农村建设而服务。农村教师应从内心深处接纳农村文化,融入农村生活,做好教书育人的本职工作,同时积极致力于农村建设中,从而使农村教育的社会服务功能得到充分发挥。但目前在我国农村教育发展中,一些农村教师尚未真正融入农村生活,参与农村建设的意识较弱,积极性不高。首先,农村教师与农村社区基本上处于隔离状态,因此农村教师在农村教育工作中也难以充分发挥自身对促进农村建设的重要作用,农村教师的教育工作与农村建设工程的实施尚未形成合力,这对农村振兴是极为不利的。其次,农村教师在农村社会中是不稳定的人力资源,他们流动性较大,缺乏稳定性,因此在农村教育和农村建设中也只能起到短暂的、有限的作用。农村教师对农村传统文化缺乏深入了解,有时不能从乡民的视角出发而处理他们的诉求,农村教师在农村建设中的作用受到限制,再加上教师与农村文化、农村社会生活之间的隔阂,最终影响了农村教育为农村社会发展服务的能力。

2. 农村教育投入不足,经费使用不合理

(1)经费投入少,存在较大缺口

我国农村教育有一个非常显著的特征,即教育环境差,这与整个农村社会环境建设水平低有直接关系。当前虽然我国对农村经济建设、文化建设、产业改革等较为重视,但依然存在很多瓶颈,导致农村基础设施条件差,配套设施缺乏,因而农村教育设施也得不到保障,基础设施的缺乏严重制约了农村教育的发展,也限制了农村教育在促进农村建设方面的功能的发挥。农村教育基础设施落后的直接原因是缺乏资金支持。农村教育发展的经费来源主要是政府拨款和收取的学杂费,随着教育体制的不断改革,政府拨款在经费来源中所占的比例减少,而学杂费成为至关重要的经费来源,但学杂费毕竟较少,不足以完全支撑农村教育的发展,难以满足农村教育发展的需求。有限的经费,短期内难以改变农村教育基础设施条件落后的现状,长此以往,经费缺口越来越大,教育设施问题越来越严重,农村教育与城市教育的差距也会越来越大,农村教育本身发展受限,更无法在农村建设和农村振兴中发挥重要的价值。

(2)资源配置不合理,经费使用效益低

我国教育经费既要投入城市教育,也要投入农村教育,要根据城乡教育现状和社会需要而合理分配经费,达到一定的平衡,从而保障城乡教育的协同发展。但目前我国教育经费的投入存在区域差异,主要表现为东西部差异、城乡差异,一般情况是东部地区多,西部地区少,城市多,农村少。此外,我国教育经费的投入也存在结构差异,主要表现为基础教育和高等教育之间的差异,即在高等教育中投入的经费所占比例较大,而在基础教育方面投入的经费占少数比例。此外,教育经费在教学设施、师资建设等方面的投入也存在不合理的地方,有限的教育经费并没有得到最大化的利用,从而影响了农村教育的整体发展。

3. 农村教师稳定性和专业性不足

(1)农村教师稳定性不足

农村教育的发展离不开稳定而优秀的专业师资队伍,农村教师是发展农村教育及促进农村建设的重要力量和可靠保障。但现阶段我国农村教师的稳定性较差,流动较为频繁,教师人才流失问题严重,离职率居高不下。我国各级政府为推动农村建设和农村教育发展出台了一系列政策,其中有些政策文件与农村教师队伍培养和建设息息相关,尽管有一定的政策保障,农村教师队伍依然不像城市教师那样稳定。部分农村教师被城市生活吸引,身在农村,心在城市,抓住一切进入城市的机会,这样农村教师队伍就很难维持稳定。

(2)农村教师专业水平较低

农村教师是农村教育助力农村振兴战略的重点和关键,农村教师学历、专业水平的高低直接关系到农村教育的质量。农村教师相较于城市教师来说,学历相对较低。由此可见,农村教师的专业化水平明显低于城市教师。此外,一些农村教师的实践操作能力与教学水平不足,难以结合现代教育的基本诉求开展信息化、现代化教育,依然采用传统教学方法和模式进行教学,而且教学理念落后,从而直接影响了教学效果。

三、农村家庭教育基础知识分析

(一)农村家庭教育

随着信息及科技的不断进步,现有知识及观念不断被更新及替换,社会环境急剧变迁,对于家庭生活产生重大影响。上一代的知识和观念对这一代有时不适用,对于未来的年轻一代而言,传统家庭教育价值更必须重新定义,始能符合现代化社会需求。

1. 家庭的价值观和规范

个体的成长始于家庭,接续于学校,而终为社会所用。家庭、学校与社会是人一生中必须接受的三种教育形态。家庭结构松散,连带影响学校教育和社会教育的功能。家庭应该扮演何种角色,才能强力呵护下一代,让子女安然成长、茁壮,是需要正视的问题。

(1)家是体贴心情的故乡

"家"应该是温柔的、体贴的,可以接纳孩子心情的地方,也是可以休息和护卫家人的避风港。家庭成员的喜、怒、哀、乐情绪,应该要能在家里抒发、获得宣泄。孩子有话不敢说,父母关心、疼爱孩子的心意,不习惯表达;孩子虽然享受父母无微不至的照顾,彼此却好像筑了一道墙。亲子交流无法畅通,感情不够亲密;孩子遭遇困境,在家庭的支持下,就很容易对外寻找出口。也因此有许多青少年尽管家庭稳定健全,生活还是觉得空虚,喜欢在外游荡,行为容易产生偏差,总觉得父母亲不太了解他们。

矜持成人的角色,很难贴近孩子的想法。只有体贴孩子的心情,营造温馨接纳的家庭气氛,才可以给孩子勇往直前的力量。

(2)家是培养创意的园地

基于"望子成龙、望女成凤"的期盼,父母对于子女的学习,多半倾向采取严谨的态度。从小"不要输在起跑点"的观念,让很多孩子在幼儿时期就被迫学习各项才艺,包括钢琴、绘画、美语、心算、围棋等等,填满原本应该属于天真无邪的童年。上了学校之后,子女通常也会被父母要求要乖乖听话"每日按时做功课、准备考试,不可以贪玩儿、不准看电视"。"父母之言,必听从"的观念,和"小孩儿有耳无口"的家规,更限制小孩儿的自由思考与反应的空间,也扼杀了小孩子的创意。

孩子的想象与创意丰沛,像刚萌芽的种子,具有无穷的潜力,需要父母巧心呵护和灌溉。面对 21 世纪知识经济时代,创造力更是打造国家竞争力的基础。每一个关心未来人类社会发展的家庭,都有责任提供一方沃土,让下一代子女的创意无限滋长。

(3)家是健康的守护站

健康是家庭幸福的基石,有健康的身体,子女才能快乐学习和成长。工商业社会,成人工作忙碌,家庭"仰侍俯蓄"功能面临挑战。在学校教育现场,我们很容易计算出多少孩子无力缴交午餐费,可是很少人关心多少孩子没有吃早餐就上学的问题。许多家长无力为孩子准备早餐,听任孩子自行购买,拎着早餐到学校,边吃边上课;有些孩子可能空着肚子,等待学校午餐供应才能获得饱腹。这些三餐无法正常被照料的孩子,没有养成良好饮食习惯,缺乏父母用心养育,健康情况令人担忧,学习也很难保障会有好的效果。

除了饮食习惯之外,正常睡眠也是现代社会孩子面对的问题。工商业社会,父母因为工作因素必须晚归,生活作息与孩子不同。有些家庭子女因而跟着父母习惯晚睡,导致清晨无法按时起床上学。愈来愈多的学生上学迟到,是因为父母的因素。为了让孩子作息正常,家庭其实可以区分大人与小孩的作息时间,即使大人必须夜归,也要培养孩子早睡早起的习惯。至于早餐的烹调,现代化家庭电器设备便利,市面上简易烹调食品种类很多,只要稍微用点儿心,其实正常提供孩子营养的早餐并不困难。

细心照顾孩子,而能协助孩子养成良好生活习惯,是做好家庭教育的第一步。可以奠定健康的基础,是孩子一生幸福的泉源。

（4）家是人格养成的地方

教育不仅是"教书",更重要的是在"教人"。不仅要让学生考好成绩,还要教学生如何过好的生活。

爱孩子、教养孩子,一定要倾听孩子的心声,拨出时间和孩子相处。很多父母希望孩子有很好的成绩、考试考第一名,却不愿意花时间和孩子相处,当孩子遇到困难时找不到可以协助的父母,久而久之,他就不谈了。这样的家长对孩子充其量只是希望孩子们学会"知识",得到好的学历。不重视教他(她)们怎么做人,孩子没有好好学习如何"做人"的方法,当然无法成就一个蕴含丰富人文素养的个体,将来适应社会的能力也比较差。

人格的养成,在幼儿时期就应该奠定良好基础,和学校教育做好衔接和延续,到社会上才能发挥其功效。家庭教育如果偏重管教或智育价值,而偏废人格养成,无益于建构和谐安乐的社会。

（5）家是学习的乐园

家庭是奠定孩子读书习惯、培养其人际互动的最佳场所,也是人一生学习发展之基础。父母也应该体会时代进步,充实现代社会知能的必要。学习尊重全人的价值,并能与时俱进,引导孩子健康快乐成长,保持"学习"的兴趣和活力,才能不断吸收新知,创造生命的意义。

父母能持续学习,可以缩短和孩子的代沟,保持前进的步伐而不落伍;亲子共学,更可以营造快乐的家庭气氛。家庭要提供孩子可以成长的环境,大人也要把握机会不断成长。现在社会上出现很多问题,其实多半是因为父母固执己见,不愿随时代进步改变想法,和孩子的距离就会愈来愈遥远。细心照顾孩子而能协助建立良好的学习态度,是孩子进入学校接受良好教育的基础。如果社会上每一个家庭都将"学习"看成一件重要的事,教育问题其实已经解决了一大半。

2. 性别平等与家庭教育

性别平等观念是营造家庭和乐的基础。女性就业率偏低的因素,除了男性掌握社会更多的学习资源、更多学习机会与信息外,传统社会"男主外、女主内"的性别角色的刻板印象,及僵化的职场性别分工模式,也使得传统家庭夫妻角色定位分明。女性的附属地位以及被认为天生具有较强、较佳的照顾能力,被认为应该负担家务、育儿之事,也是重要原因。

随着社会进步,男女受教育机会均等,妇女就业情形愈来愈普遍,"母职天赋"的迷思已经逐渐被打破。而性别平权意识的提升、家庭结构的转变及妇女经济独立因素等,相对提高了女性在家中的地位,以往"男外女内"的权责分际,改变为男、女在家庭中的性别角色平等。

家庭中的性别平等概念除了表现在夫妻双方的互动方式之外,父母亲本身的性别意识,以及对不同性别子女的教养态度,也是重要的一环。夫妻之间能平等互动是家庭性别平等教育最重要的基础,如果能摒除以往男尊女卑的家庭结构及互动模式,具体呈现平等互动的示范,那么家庭中的两性平等教育就完成一大半了。

至于对子女的教养态度,传统的教育方式及观念充满着性别刻板的僵化形态,从子女出生的那一刻起,父母即开始以性别二分的方式教养子女,从颜色的使用、模样的打扮、玩具的选择、哄玩的方式、管教的态度,甚至对子女的教育期待和教养方式,等等,皆因不同的性别,而有截然不同的对待方式,加上主流社会意识形态对男女两性的角色充满着二元对立、刻板化的价值标准,促使父母们期待养出"像男孩子的儿子"和"像女孩子的女儿",这样僵化的二分法,造成许多子女在性别角色认同上,陷入了迷思与困境,甚者影响其对自我的认同,因而丧失自信,且剥夺了男女孩儿多元适性发展的可能。

营建夫妻之间平等的互动关系,不仅可以创造出温馨体贴的婚姻与家庭内涵,也有助于培养子女正确的两性观,对于性别平等社会的建立,也有重大影响。

3. 家长参与子女教育

教育子女的工作不只是学校的事，也并非行政人员及教师即可承担，教育工作需要家长积极参与，了解孩子在学校的学习状况，和老师来一同帮助孩子学习，教育工作始能"事半功倍"。

除了子女的家庭教育几乎由家长做主之外，过去家长参与学校教育因为缺乏法律的依据，因此运作上并无一定的准则。随着校园开放，教育鼓励多元参与的风尚，家长参与学校教育机会增多。例如，家长可以参与学校校长遴选作业，依学校特色选择学校经营者；家长可以担任学校教师评审委员会，参与决定教师的解聘、选聘及是否续聘的任用问题；家长是学校校务会议的重要成员，可以参与学校校务经营；家长也有权力参加学校班级教学计划之拟定，选用教科书，参与学校教师专业评鉴，提供教师改进教学的参考意见，等等。

虽然家长已经成为学校教育的重要伙伴，但仍不易取得足够的教育资讯。政府提供家长参与教育的机会，但家长参与教育仍面临"外行领导内行"，专业能力是否足够的挑战。加上家长参与的普遍性不足，其代表性仍遭质疑。家长被赋予参与教育的权力，理当获得学习教育的机会，赋权并增能，始能有效提升教学质量，促进校园和谐。

4. 网络世界与家庭教育

信息科技进步神速，伴随着近年网络的蓬勃发展，网络超越时间、空间限制以及互动、多元化的特性，逐渐改变我们的生活形态，并逐渐渗入我们的家庭生活、学校学习、消费行为、工作职场和人际交往。

计算机科技破解传统知识伦理阶梯，一个具备信息科学技术能力的小学孩童所能掌握的知识，可能比一个只会传统学习的中壮年还多。E世代教育将不仅是知识的传承，它包括需要更多信息科技运用的能力、知识整合的能力、自我学习的能力、解决问题的能力，当然也要更多的创意。

网络知识的累积迅速而庞大，我们学习的速度，永远赶不上知识增加的速度。透过网络科技，电子化学习资源库的运用与知识管理平台的建置，有利于知识的加速学习，可以有效提升新世代教育质量，缩短受教育的时程。但网络科技带给不少家庭教育子女的困扰，其中包括网络的信息并没有经过筛选，隐藏着更大的陷阱与危机，或子女沉迷计算机动画游戏、流连网咖或电子游戏场所,导致课业荒废、结交不良朋友、赌博、吸毒甚至无法区分现实与虚拟的网络世界,等等。

新世纪父母在网络世界中,除了持续提供子女最好的引导之外,家长本身的参与度,以及在生活的学习中运用科技所带来的便利,也将是重要的家庭教育课题。

(二)农村家庭教育的意义

农村家庭教育是早期儿童最先接触到的后天教育。农村家庭教育一般会对早期儿童以后人生的发展产生不可忽视的影响,如父母的个性特征以及父母的人生观、道德行为等将给早期儿童留下极其深刻的影响,一旦被早期儿童认可将很难改变。

家庭是人生的第一个课堂,父母是孩子的第一任老师。从陪伴孩子"咿呀学语",直到成家立业,父母都是帮助孩子健康成长成才的第一责任人,在孩子的全面发展中扮演着极其重要的角色。孩子的成长发展离不开家长的言传身教,而农村的父母们,在孩子的实际生活中扮演了什么样的角色呢?他们又是怎样看待家庭教育的呢?父母在孩子成长过程中的作用是不可忽视的,陪伴本身就是一种教育。

据调查,农村家庭教育的现状是不容乐观的。绝大多数的农村父母,在孩子还很小的时候,就已背起行囊外出务工了,大多由爷爷奶奶、外公外婆来照顾,留给孩子的只有漫长的等待。这是农村家庭教育缺失的一大主因。由于各种原因,家长们的受教育水平自然各不相同,这种差别在山区尤其明显。有统计数据显示,当前义务教育阶段农村孩子的父母受教育水平大多在初中到高中之间,只有少数读到了大专或本科。

家长的受教育水平必然会影响到孩子的成长发展。首先,家长的受教育水平直接影响其自身的人生观、价值观、世界观的形成,从而影响家长对家庭教育的观念和看法,进而影响孩子对人生、对世界、对价值判断的总的看法。其次,只有家长具备了良好的道德素质,才能培养孩子形成正确的道德观念。最后,只有家长养成良好的行为习惯,才能对孩子言传身教,进行正确的引导,让孩子耳濡目染,促使孩子养成同样良好的行为习惯。显而易见,父母们需要紧跟时代潮流,发挥互联网的优势作用,自觉主动地接受继续教育,丰富自己的阅历,不断提升自身的综合素质,从而提高自己教育孩子的能力,在孩子的全面发展中发挥重要作用。

"原生家庭"对一个人的影响是终身的。家庭氛围和谐,父母以身示范、做好榜样,对孩子的发展将起到积极的促进作用,反之则有可能产生负面影响。为了孩子的健康成长,父母作为农村家庭教育的主力军,一定要相互包容,相互体谅,好好经营自己的小家庭,进一步助力孩子的家庭教育。家庭教育和学校教育相辅相成,缺一不可。但在现实生活中,许多家长错误地认为,教育就是学校和老师的事情。

农村家庭教育是一个复杂的教育问题。父母的言传身教、受教育水平、"原生家庭"的影响、家庭教育与学校教育的协作等因素发挥着重要的作用。因此,家长必须明确自己的职责,做好监督和引导,主动配合学校,努力让家庭教育和学校教育形成合力,才能实现教育效果的最大化。

(三)农村家庭教育的条件

自古以来,家庭不仅具有人类生活的特征,而且还具有人类个性的特征。这就是说,婚姻—家庭关系愈牢固,道德观念愈成熟,就愈能更好地创造教育子女的条件。

社会学者们认为,农村家庭教育的潜力是由下列因素来决定的,即家庭的物质、住房与日常生活情况,父母的文化教育水平,家庭中的道德心理气候,父母在子女心目中的威信和子女对父母的信任程度以及家庭成员对子女要求的一致性。

"加速度"大大加快了孩子们从童年过渡到青年时代的这个过程,普及中等教育制度的实施却延缓了青年人获得经济独立和意识到社会责任感的时间。这些做法有时会使他们变得天真幼稚,而天真幼稚在社会上则是有现实危险的。老一代对子女的关怀,往往很容易转变为对他们日常生活的过分监护。其实,青年人的独立性和对他们的严格要求,正是使他们形成符合社会主义社会公民标准个性的最重要条件,也是使他们成为享有广泛权利同时又担负重大义务的人的最重要条件。上述做法的结果,往往会使青少年去追求不正确的生活目标。

在发达的社会主义国家里,这些总的来说是合理的和进步的倾向,也使农村家庭教育大大地复杂化。例如,青少年不仅要求必需的物质福利,而且还要求所谓涉及自己信誉的那些高档消费品,各阶层的居民从孩提时代开始,其知识与信息就迅速地与日俱增;青少年体力上的负担减轻了,而他们心理上的负担却加重了。农村家庭教育方面存在的某些问题,则是由于一些做父母亲的缺乏教育知识和不善于建立家庭成员之间的正确关系而造成的,有些人认为,由于做父母亲的积极参加社会活动,把精力放在了工作上,把时间花在了自学方面,因此教育子女的责任似乎不该由他们来负,而应把它交付于幼儿园和学校。这种观点是根本不对的。

一些做父母亲的常常提出这样的问题,教育孩子应该从何处做起呢?每当在这个时候总会想起弗兰西斯·培根说过的一段话。他说,如果您想让果树比以前结出更多的果实,那么您在它的枝叶上下功夫是徒劳的,而必须在它的根部松土和不断培上新土。换句话说,如果您想正确地教育培养自己的子女,那您就必须要考虑家庭的形成与发展的全部规律,并根据这些规律来组织自己的小家庭。毫无疑义,这些规律是存在着的。而其中的一条规律就是苏联的一个家庭,实际上就等于是社会主义社会的一个"支部",这种家庭有什么特征呢?首先就是其成员怎样对待国内外生活中的事件和国家的外交政策;订阅哪些报刊;是否讨论当前出现的重大问题;一家人是否一起去看电影看戏,都喜欢看些什么,怎样庆祝革命节日;如何对待宗教;担任什么社会工作;在劳动集体中居于何种地位,对待劳动的态度如何。

家庭——这是一个集体,也就是说,连孩子们也应该感到自己是这个集体中享有平等权利的一员;参与一切家庭事和父母亲同甘苦,共患难,了解家庭的收支情况,参与家庭的经济分配,担负一定的家务,感到自己对大人们所负的责任,并且关心他们。一个家庭就像一个集体那样,在相互关系上要有自己的格调。

(四)推动家庭教育策略

在"家庭教育法"制定之前,推动相关家庭教育工作,主要是面对欠缺法源依据的困境。如今虽已完成立法,但徒法不足以自行,如何透过完善的制度,整合政府、学校及社会机构力量,规划推动家庭教育计划,是当务之急。在有限资源与人力条件下,要有效推动家庭教育,仍需克服诸多困难。

以推动家庭教育工作主力的"家庭教育中心"人员纳编问题为例,在地方政府财源短细情形下,很难有纳编增额的空间。

应 21 世纪社会变迁,推动教育追求人本化、民主化、多元化、科技化、国际化的改革需求,如何重振家庭教育功能,并将其视为终身学习的重要单位,而与学校教育和社会教育连成整体的教育体系,是我们必须努力的目标。试图推动家庭教育的策略如下:

1. 营造重视家庭教育的社会风气

政策的推展,与社会接纳的程度和公众价值观息息相关。"家庭教育法"实施后,应加强倡导其重要性。政府鼓吹以"推动家庭教育"为中央及地方重要施政项目,督促各级主管机关及各级学校依法执行,制定具体实施方案,结合相关单位积极配合办理,以收集思广益之效,导引社会重视家庭教育的风尚。

透过各种正式或非正式管道,各机关学校倡导或传播媒体营销,引导民众关注新世纪现代社会家庭教育的价值,并鼓励具体实践发挥家庭教育功能。办理专题研究、公开会议、学术研讨、工作坊等活动,鼓励制作家庭教育教学录像带、电视节目,建置家庭教育学习网站,吸引社会学习的兴趣。

除了营造外在有利推动家庭教育的环境之外,推动家庭教育的主要挑战,是学校教育与家庭或社会有两套学习标准,造成子女学习困扰。例如:学生在学校学习交通规则,但父母却因赶时间而闯红灯,社会上闯红灯的骑士也不计其数。教育的价值在于"身教"的功夫,家长如果不能"以身作则",学校教育的就会功亏一篑,子女到社会上也不会获得良好的受教育机会。

政府推动家庭教育,应该要提倡家庭教育和学校教育一样的标准,为孩子提供成功的经验。如果在家庭和学校都能获得一致的成功经验,都能受到鼓励,家庭教育始能发挥其价值。

2. 建设推动家庭教育的行政网络

以往家庭教育工作无法有效推展,"家庭教育中心"置于社教馆之下,权能无法有效发挥,是因素之一。为使权责分明,并考量"家庭教育"之教育专业层面,县市家庭教育相关业务,仍应以回归教育局主管为宜。

依"家庭教育法"规定,直辖市、县(市)主管机关统筹负责地方上家庭教育之策划与推展,督导所属学校和机构办理家庭教育,办理家庭

第二章 新时期农村家庭教育新理念

教育志愿工作人员之在职训练,推展地方与国际家庭教育业务之交流、合作,家庭教育深入区里、学校等扎根工作事项。中央教育行政机关则负责推动全国家庭教育政策规划与督导,应实时整合原有设置于三所大学的"家庭教育(研究)中心",确实研拟家庭教育研究发展及推动策略之计划,动员政府与民间的力量,协助各县市家庭教育中心、家扶中心、文教财团法人、民间公益团体等,全面推进家庭教育。如此,推动家庭教育工作,始能确保行政上指挥系统一致、政策规划周延明确。

推动家庭教育,学校不能置身度外。学校是社区学习资源中心,也是中央与地方政策的协助推动者。学校协助家庭教育,可以运用"社区总体营造",全面建构新生活环境的概念,鼓励社区共同参与。善用学校充裕的活动空间作为学习及办理活动的场所,充分运用多元的教育专业人力。由学校带动社区,老师带动家长,在以学习为基础、社区共同经营的快乐氛围中,推动家庭教育计划,一定能发挥事半功倍的效果。

总之,家庭教育法实施后,教育部应结合相关单位,积极配合办理,督促地方教育行政主管机关及各级学校依法执行,建立稳固的推动家庭教育的体系,以全面提升国民家庭教育知能,促进社会和谐。

3. 鼓励各级学校研发家庭教育课程

现行各级学校开设有关"家庭教育"课程,零碎而缺乏统整。融入各领域的家庭教育内容,固然可以增加学生广泛接触的机会,但家庭教育在学校正式课程的实施,仍需费心做整体规划设计。

随着教育环境开放,基层教师拥有编选教材的自由,也具备编选和设计教材的能力。家庭教育课程应能顺势发展其丰富而多元的风貌,适应不同对象需要,推陈出新、与时俱进。而教育行政单位为了确保各阶段家庭教育能有效实施,也应该责成各级学校积极落实推动家庭教育课程;建立奖励制度,鼓励教师研发新教材;关心各教材的连贯、衔接和统整性,以确保其结构周延;让爱惜亲人、尊重家人,促进家庭和谐的智能和技巧,能从小扎根,深入学生价值观。

4. 建立社区大家庭的观念,弥补家庭功能不足

工商业社会以夫妻双方和未成年子女组成的小家庭居多,家庭成员少,孩子缺乏学习的对象,很难提供孩子丰富而多元的角色学习机会,这不是很好的教育环境。小家庭基础薄弱,一有成员生病、离家或死亡,

家庭存续即面临危机。此外,还有不少遭逢变故、弱势或文化不利之家庭,例如单亲、隔代教养、身心障碍、服刑人等,这些家庭更不容易实施有效的家庭教育。

因此,倘能建立"社区大家庭"的观念,鼓励社区互助合作,即可以有效强化家庭功能。社区大家庭成员众多,各有所长,各行各业都可以成为孩子学习的对象,这是小家庭无法达到的功效。每个人如果能把别人的孩子当成自己的孩子照顾,人人都有"老吾老,以及人之老;幼吾幼,以及人之幼"的宽阔胸怀,社区成员能互助合作愿意体贴别人、乐意助人,共同成长,养育儿女的负担将可减轻不少。我们的孩子也因为拥有更多的家长照顾,显得更幸福、更快乐。

古代有所谓的"易子而教"的说法,用在现代社会也能发挥良好功效。工商业社会社区内倘能建立一套互助的"幼托制度",不仅让社区内有事外出的家长,无须担心家中幼儿乏人照顾;也能借着社区家庭互助托幼,交换孩子受教育的经验,让原本一个家庭独享的教育资源,能分享到社区各家庭。子女在生活上也可以避免因为对家长过度依赖,难以养成独立自主的精神。

在学校推动"社区大家庭"观念,建立社区共同合作照顾孩子的机制,弱势家庭文化不利的孩子也可以因此得到比较好的照顾。同一个班级的家长带孩子出外旅游时,如果愿意同时搭载一两个其他家庭子女,分享家庭资源,就有多一两个孩子可以受惠。父母在学校担任志工,认辅学业或行为需要协助的孩子,自己的孩子往往也可以学到更多。接触不同文化背景的异质家庭风貌,认识不同成长环境的朋友,可以养成宽阔的胸襟,具备豁达的人生观,培养良好的人际沟通能力。

事实上,社区每一个孩子如果都能获得良好照顾,共同分享大人的爱与关怀,一定可以有效降低青少年犯罪率,减少社会安全成本,我们的孩子也才能在快乐和健康的环境中长大。

这种"社区大家庭"的概念,能有效弥补"小家庭"因父母因素,或文化不利所造成的功能失调,也能缩短学生的学习落差。社区大家庭能互助合作,社区的孩子当能共享平安健康的未来。

四、农村儿童的家庭教育

缺陷,指欠缺或是不够完备的地方。农村家庭教育缺陷,顾名思义,农村家庭教育出现的问题和不足。《中华人民共和国未成年人保护法》修订案自 2021 年 6 月 1 日正式施行。其中,明确规定了父母或者其他监护人应当履行的十项监护职责,同时也规定了十一项禁止行为。《中华人民共和国预防未成年人犯罪法》修订草案自 2021 年 6 月 1 日正式施行。其中依然明确规定,未成年人的父母或者其他监护人对未成年人的预防犯罪负有直接责任。这说明了父母对孩子的重要作用以及农村家庭教育的重要性。

然而,有些现代家庭对未成年人的教育存在着不同程度的缺陷,不同程度地影响未成年人的成长。以下为农村家庭教育缺陷的表现:溺爱型家庭总是愿意将孩子放在较高的位置,满足孩子一切不合理要求,纵容包庇孩子的错误,此举易培养出自私自利、缺乏独立性、缺乏同理心的孩子;放任型即对孩子缺乏关心和管教,任其为所欲为,与孩子缺乏心灵的沟通和情感的交流,孩子对家庭缺乏依恋,容易接触到社会中的不良少年或是违法犯罪分子;暴力型家庭指对孩子非打即骂,以"不打不成器""棍棒之下出孝子"的教育理念教育孩子。家长的粗暴管教对于未成年人而言容易起到反作用;劣迹型家庭是指父母不道德甚至是违法犯罪的行为对孩子的影响密切,这也是为什么有些父母犯过罪的家庭容易出现违法犯罪的未成年人的原因;期望型家庭即父母对孩子的期望过高,以"望子成龙""望女成凤"的心态教育子女,控制子女的喜好、穿着、言谈举止、交友自由等,对子女的要求极为严格,孩子的压力极大,整日在高压和紧张的气氛下生活学习,使孩子形成孤僻的性格,容易出现极端行为。

第二节 农村家庭教育的特点与作用

一、农村家庭教育的特点

农村家庭教育的早期性、长期性和连续性。孩子从出生开始,家庭里的一切,包括家庭环境、家庭关系、父母的言行举止都在不知不觉中影响着他。即使他不懂,也记不住任何东西,但是他在无形中接受着家庭给予的一切,此所谓"早";小孩子成长的过程中需要家长的陪护,血缘和情感是家庭成员聚在一起相亲相爱、互帮互助的纽带,人一生当中的大部分时间都是在家庭中度过,此所谓"长";据调查表明,德性良好的家族会一代一代地传承,父母有违法犯罪的行为,孩子走上违法犯罪道路的可能性更大,可见优良家风的重要性,此之谓"连续"。

农村家庭教育的及时性、随机性和全面性。家庭成员由于血缘的亲密性、时间的经常性和空间的邻近性,教育方式具有随机性,可以随时随地相互影响。生活习惯、道德品行、谈吐举止等都是家庭中家庭成员之间互相影响的结果,由此可见,一个人由内而外完整地塑造与农村家庭教育是离不开的。

农村家庭教育的感染性和潜移默化性。人一生大部分的时间都是在家庭中度过,未成年阶段接受的农村家庭教育是最深的。家庭气氛对每位家庭成员尤其是未成年的孩子具有重要影响。生活在家庭之中,尤其是未成年人总是不知不觉无意识地接受家长的思维,会不自觉地模仿家长的行为,随时随地、无声无息、一点一点地被渗透和影响。久而久之形成习惯,成为家长的一个翻版。

农村家庭教育的权威性和复杂性。子女在未成年时期,缺少独立性,在衣食住行方面极其依赖自己的父母,父母为子女提供物质生活并付出情感,并且有权利和义务管束子女,因而父母在子女面前具有权威性;农村家庭教育涉及的内容极具广泛性,家长不仅要营造良好的家庭环境,还要注意子女各方面素质的培养,其中包括自身言谈举止、品行修为的示范,也包括在子女成长过程中的监督和保护。对于家长来说这是一个巨大工程,因而具有复杂性。

二、农村家庭教育的作用

(一)指导作用

关于农村家庭教育指导重要性的研究主要从农村家庭教育指导的现状、社会需求等角度出发,将父母与早期儿童作为指导的主体,早期儿童发展规律、父母育儿知识等作为指导的内容,并将其与学校教育、社会教育等相结合,来展开论述。我国学者刘伟指出,父母身份的特殊性决定着其在早期儿童的教育方面扮演着与众不同的角色,因此父母需要进行学习以提高自身素养,更好地对早期儿童进行农村家庭教育,学习内容包括了解早期儿童的身心发展规律、提高育儿技能等。

（二）对农村家庭教育指导对象的作用

国内外关于农村家庭教育指导对象的研究较多，覆盖的范围较广，且分类较细，一般针对某一特定群体，如针对贫困家庭、自闭症儿童家庭、0—5岁儿童家庭等展开调查研究，总结出该类群体的基本特征，为其提供农村家庭教育指导。我国学者晏红将农村家庭教育指导对象定义为"在农村家庭教育方面面临困境、需改善农村家庭教育状况、强化农村家庭教育能力的群体"，其工作目标主要为帮助指导对象提高农村家庭教育技能、推动家庭朝更好方向发展。

（三）农村家庭教育指导内容上的作用

针对农村家庭教育指导内容的研究，一般可以分为三类：第一类是向父母提供有关早期儿童发展、育儿、家庭等各方面知识；第二类是根据需求向父母提供早期儿童特定发展阶段或特定行为等方面的知识；第三类是为不同群体的父母提供针对性较强的农村家庭教育指导知识。

第三节　农村家庭教育的方法与对策

一、营造和谐、温馨的家庭气氛

教育家和心理学家都认为，人的心理和行为活动都必须在心理空间中进行，心理空间反映人的心理需要，包括生存的需要、安全的需要、归属和爱的需要、受到认可和尊重的需要以及自我实现的需要。和谐温馨的家庭气氛，有利于个体心理需要的满足，心理和行为活动能得到正常的发展；反之，家庭成员间、亲子间关系紧张，孩子面对的总是冷冰冰的面孔和无情的指责，就很容易导致孩子心理空间狭窄、心理承受能力低下，难于形成健康的心理和行为。我们曾在中小学进行过正常家庭和离异家庭子女的性格调查，结果表明，离异家庭的孩子比较内向、焦虑、敏感、固执,心理健康的得分也比较低,这说明家庭的和睦程度影响孩子的心理发展。

家庭成员之间的相互尊重、理解、信任和关心是家庭精神环境的重要条件,而家长在营造和优化家庭和谐温馨的气氛中又起决定性的作用。家长首先要学会尊重家庭中的每一个人,注重家庭民主风气的形成,追求和维护真理;要带头尊老爱幼,为孩子树立良好的榜样;夫妻之间要坦诚相待、互相理解、互相支持。

二、农村家庭教育的投入要讲究科学性和可行性

对城市、农村、边疆和欠发达地区的农村家庭教育投入情况进行的调查结果表明,目前由于家庭经济状况的不同、家长对给子女进行教育投资的认识的不同,家庭对孩子的教育投资存在着相当大的差异。有些欠发达地区的家庭,几乎没有给孩子什么教育投入,家中没有书报,也没有较多的学习用品和学习场所,孩子的学习用品唯有书包和几本教科书。而另一类家庭,给孩子的投资又令人吃惊,学习用品讲究高档精美、玩具讲究新奇古怪、穿着讲究名牌时髦,家长不惜重金聘请家庭教师、选择学校、买高档设备等等。客观地讲,这两个极端的教育投入都是不科学的。

建构农村家庭教育的物质环境,应当以有利于孩子的身心发展为出发点,过分的苛刻和过分的投入都不好。家庭经济比较困难的家庭,对孩子的教育投入少是可以理解的,但有一些家庭本来经济就困难,父母还要讲究抽烟、喝酒、烧香拜佛,把孩子学习看成是政府的事、学校的事,这就不对了。现代农村家庭教育,父母不仅要关心孩子的生活,更重要的还要关心孩子的学习和良好行为的形成。那么,是否对孩子的投入越多就越好呢?也不是。过分的投入给孩子带来的坏处更多,为所欲为、不劳而获、贪婪、浪费、自私、懒惰等不良习惯都与高消费、贪享受休戚相关。所以作为家长,无论家庭经济状况如何,在教育投入上都应当保持科学和合理方式,对孩子的学习、兴趣、游戏的情况有所了解,真正必需而又对孩子发展有利的应当投资,但绝非越多越好,要注意培养孩子节俭朴实的生活习惯。

三、给孩子留下尽可能多一点儿的学习空间

家长除了应当给孩子提供必要的学习用品外,还应当为孩子留下一小块活动空间,给孩子提供游戏、学习的地方。孩子小的时候,可以利用这块小天地游戏玩耍,孩子逐渐长大,这块地方就成为孩子学习场所,可为其布置合适的书桌、书柜和各类与学习有关的设施。家长千万不要小看留给孩子的这一席之地,在这里孩子可以发挥自己的管理和创造能力,学会自己管理自己,学会独立地安排自己的学习和其他活动。随着孩子逐渐长大,这块小天地的活动内容将越来越丰富,孩子的独立性和自主能力也随之得到提高。

第四节 农村家庭教育中家长的自身修养

一、准确定位家长自身角色

家长教育的目的是帮助家长更好地实施家长教育,而要实现这一目的,必然也只能通过对家长施加教育手段,塑造能够科学履行职责的家长角色。接下来将视角回到家长与子女的关系中,试图探析理想的家长角色样态。在家庭内,夫妻之间的关系本质上是在重新生产自己的生命和子女。

子女作为夫妻共同的再生产形式,是家庭和夫妻存在的延续,为家庭的圆满充当了必不可少的角色,孩子这一角色产生稳定和充实了夫妇之间的合作关系,这才形成了社会学意义上的家庭。在我国家庭结构中,家庭中存在多种关系,夫妻关系、亲子关系是主体。孩子要长大成人,不但要得到适当的营养,还要得到适当的教育。这就为父母的理想角色提出了教育素养的要求。[1]

---

[1] 孙庆松.家长教育:理想家长角色重塑的新路径[D].贵州:贵州师范大学,2021.

（一）理想的母亲角色

母亲是子女进入家庭场域的最重要角色,从人的胚胎孕育开始,母亲和子女之间就处于血肉相连的状态,较长的孕育期和分娩疼痛的生物机制促使母子之间的联系最为紧密。而当人以婴儿形态进入家庭后,长期的母乳依赖、儿童期的生活照顾也使得母亲以非常重要的角色和子女相联系。体质人类学家认为,大多数种类的哺乳动物,包括猿类在内,几乎是从婴儿期直接进入成年期的,而人类婴儿初生时实际上是软弱而不能自助的,还要经历一段较长的儿童期;无自助能力的婴儿受到母亲的照料,较大的儿童则接受成人的教育。这个事实,奠定了人的发展,特别是在家庭场域中发展的前提和可能。一方面是,相对其他生物,人的软弱使得人必须依赖于母亲的照料,这就为母亲以外部角色进入人的发展提供了机制,人最初不可避免地接受到来自母亲的教育影响,使得人们在家庭中接受教育影响成为必然。另一方面,较长的哺乳期、儿童期,使得儿童与母亲之间必然建立了长期的组合结构,在此过程中,凝聚在母亲身上的教育属性对子女发挥了长久的影响,决定人在家庭中的发展可能性。人类不但所需的哺乳期特别长,即在断乳之后,还要一个更长的时期去学习在社会中生活所需的一套行为方式。而这种早期的社会生活过程,人类只能依赖于父母,尤其是依赖于母亲在家庭内部完成。[①]

首先,母亲对子女的教育影响,最初是来自母子之间共同的生存体验。人类婴幼儿时期的羸弱和对母乳的依赖,以及母亲因分娩致使的产后状态,加强了母子的生存共同体关系。至少在人类婴儿生产后的相当长一段时间,母亲的母乳质量和子女的生存,以及子女的生理状况和母亲的产后心理状态两者之间的联系紧密。在骨肉相连的感情纽带联结下,这段生存期进一步扩大将会覆盖到儿童期甚至更远。在这个意义上,儿童早期的认知体验,直接源自于母子共同面对的外部刺激。婴儿只有通过母亲这个角色,才能感知到来自客观世界的反映,并在母亲的辅助之下做出应激的反应,进一步在此过程中产出了感性的认识。从认识过程上考察,认识源于实践也就是认识源于来自实践的感性经验。这种感性的知识获得一方面加强了子女对母亲的依赖,将母亲进行符号性

---

① 费孝通.生育制度[M].北京:北京联合出版公司,2018.

地代表了需求、安全获得的机制,发展了对母亲的情感联结。另一方面将自我的情绪反馈给了母亲,促使母亲获得更多的应激信息,进一步积累了行动的经验。女性是儿童早期生理需求的满足者(尤其是哺乳),这种需要的满足强化了情感联结,也使得女性对婴儿的反应更加灵敏,同时也提高了对母亲接近信号的察觉程度。在这样一个母亲与孩子一体的行动单位中,孩子从母亲的身上体验感知外部的信息,从而获得感性体验,母亲需要从孩子的反馈中判断出行动的需要,进而做出行动的规划,不断发展孩子的认识反应机制。在这个单位下,母亲与孩子之间出于共同的需要,在不断与外部作用过程中,激发了孩子的认知动机,促进其认识水平的发展。因而,个人的学习冲动,并不是与生俱来的,而是在家认知单位内部、在"己—他"综合单位中逐渐训练形成的。母亲进入孩子的发展机制中后,代表了家庭期望的教育影响便通过母亲进入了实践中。凝聚在母亲个体身上的教育影响,通过母亲的自我加工处理、筛选过滤后在母子互动中,或是母子共同体的外部发挥效果。人总是以自己的需要为中心,有目的、有预谋地去从事认识、评价和实践活动,从而成为现实的主体。母子之间的有效活动,经过母亲的情绪反应,转移成为孩子的个体体验,成为满足子女发展的有效手段。

其次,母亲对子女的教育影响,来自母亲对子女爱的示范。早期母子一体的生存单位,提供了人类最初的获得体验,在满足个体生存的需求过程中,母亲对子女的生存补给成为人体验到的、最初的爱的形式,是对爱的最早认知。母亲作为仁爱和道德方面的教师,是对孩子来说最重要的利他主义典范、爱和首善来源。经历对自我的生理满足、心理安全体验感的人类,随着自我概念的不断发展,产出了对他人感受的初步认识,并在不断的交往过程中,将其内化为个体的人际交往规范。个人在人际交往过程中对某些事情经过若干次反复,会考虑到或者相互提到设身处地为对方着想的问题。从道德建构而言,儿童出生时是一个主客体不分的生物学存在,在获得客体永久性概念后,他才有了最朦胧的主客体意识;儿童最早与双亲或抚养人形成道德主客体关系;道德认识和情感的发生就是在主客体的交往活动中实现的。儿童早期的行为能力不足,造就了最亲密的母亲角色对其表现出了无微不至的爱,才使得儿童在发展的过程中,获得了与人交往形式的感性认识,并将这种认识进一步扩大到身边的其他人,逐步内化成为个体的道德认知。所谓爱,一般说来,就是意识到我和别人的统一,使我不专为自己而孤立起来。这种早期的道德认知伴随着发展水平的提高,以及生活环境的一步步扩大,在更多的道德对象之中去发展和实践自我的道德认识。

(二)理想的父亲角色

母亲和孩子早期的紧密联系决定了母亲对孩子的影响巨大,而就家庭场域内的教育影响而言,父亲的角色影响也不可或缺。夫妇关系以亲子关系为前提,亲子关系也以夫妇关系为必要条件。这是三角形的三边,是不能短缺的。由于母子之间联系紧密,母子交往行为中,彼此处于认识主客体面的边界模糊。子女处于早期和母亲的生存共同体体验,无法将母亲完全的视作个体外部构成,对源自母亲的要求不视作外部规范,因而母亲在对子女的教养,尤其是在对子女的社会性约束上缺乏权威。相同条件下,母亲在早期子女生存能力孱弱状态时,哺育过程尤其是哺乳过程中小心呵护,建立了子女弱小的感性认识,这种认识无法在儿童逐渐发展起来的过程中绝对地割裂出来,致使母亲在教养中无法保持理性地向子女传递社会期望。这种亲子之间的情感联系,导致了家庭在子女的教养中,客观上需要一个在生存距离上相对母亲较远,但又处于家庭内部的成员履行职责。此时,父亲的角色便开始进入农村家庭教育的场域中,即便是人类家庭早期母系社会时期,父亲由于家庭成员资格的缺位或是父亲无法履行职责,家庭中也必须由其他人来进行补充。在母系社会,一旦缺乏严父的角色,就由母舅补充完成。这个意义结合现代家庭的结构形式,父母亲共在的婚姻家庭标准,父亲在子女的教养中的角色作用独特且无法替代。

二、营造家长成长的社会氛围

家长作为能动的社会主体,其教育能力的发展提升,不仅依赖于外部的主体的主动补助,家长自身的内在发展也是促进家长知识与技能发展的关键。终身学习理论的提出,为家长的自我发展提供了理论支持。"终身学习的目的在于建立自信和能力,适应社会的变化"。一方面既有知识变革的速率加快,家长的知识系统不足以支持对教育活动的理解,另一方面是社会变革的空前剧烈,促使家长和子女的生活背景差异巨大。围绕儿童与环境的相互作用,形成感性认识、自我意象的发展逻辑,

第二章　新时期农村家庭教育新理念

家长必须参与到进一步的学习过程中,才能保证农村家庭教育的理念与社会同步。学习型家庭是终生学习的具体场域类型,强调以家庭组织为单位的学习组织实践,构建了家庭的学习合力。通过促进家长自身发展的同时,运用了榜样示范、环境陶冶等方式带动家庭成员的学习活动,形成良性的农村家庭教育影响。同时也强调了家庭自身的内部构建,包括家庭的物理环境构建、学习材料资源的准备、学习意识的形成和学习驱动等有利于学生行为产生的条件创设。这些条件的创设,形成了农村家庭教育的生成机制,形成家庭成员之间相互促进的发展推力,是家长自我发展的有效保障。故而,创设家长自我成长的教育系统,通过公共资源对学习型家庭的学习资源补给,学习型家庭的构建是推动家长教育系统发展的一种重要手段。

家庭的道德教育任务,决定了家庭道德文化的重要性,这种道德文化的生产,既是农村家庭教育的驱动力量,也是农村家庭教育的重要依据。中华民族文化系统中的丰富道德文化,是民族精神的重要内涵,它蕴含了社会生活的交往意识和个人崇高的人格修养。这种从家内发展起来的道德文化,依赖于家庭道德关系的不断交往,形成家庭伦理的意识形态。然而传统意识形态的解体,连带着分解了蕴含在传统观念中的道德文化。家庭伦理道德是社会公德文化的重要基石,它既是家长用来指导子女社会意识的有效工具,又是家长自我成长教育的具体规范,因此,创设家长自我发展的学习系统,一方面要立足民族文化的精神内核,学习传统农村家庭教育文化的优秀经典理念,结合社会主义现代化时代精神,构建符合新时期家庭伦理规范的家庭交往范式;另一方面,社会要积极鼓励发掘家庭家族文化,探析以家为系统传承的内在精神财富,从中发掘优秀家风家训文化,构成独特的道德文明精神文化,形成符合时代特征的家庭文化,促进农村家庭教育观念的革新。

高等院校和研究机构要加强农村家庭教育的理论和实践研究,深入研究农村家庭教育的系统生成逻辑,结合时代的特征和要求,将农村家庭教育的理论进行时代化、可操作化的加工和组织,并构建家庭文化的传播平台,将研究的成果通过平台进行传播,促使家长能够获得针对性、适用性的教育认识。同时与中小学、社区农村家庭教育指导中心成员进行联动,开展多样化的研究实践,有针对性地解决农村家庭教育中的现实问题,并培养专业的家庭指导人员,有效促进家长学校的职能成效,最终形成新的与时俱进的农村家庭教育理念。

第三章 新时期农村家庭的儿童道德品质培养

新的社会发展形势下,农村家庭教育需要重视对儿童道德品质方面的培养。这是因为人才发展的基本要求就是具备良好的道德品质。为此,本章主要研究新时期农村家庭教育与儿童道德品质培养方面的内容,包括家庭教育之首——德育、家庭环境中的教育信念与儿童发展、农村儿童良好道德品质培养的途径。

第一节 家庭教育之首——德育

一、德育基础理论分析

(一)德育原则与德育规律

德育规律是在德育过程中,内部各要素之间以及德育活动与其他活动和社会环境之间普遍的、本质的、必然的联系。德育规律是客观存在的,它不以人们的意志为转移。但是我们可以在实践中通过抽象概括和总结反映德育规律的基本面貌,形成对德育规律的认识。德育原则和德育规律有着紧密的联系。

首先,德育规律是德育原则的来源。德育原则不是凭空捏造出来的,而是通过在实践中不断地摸索,在总结认识规律的基础上制定出来的。因此,我们必须根据德育规律制定相应的德育原则。

其次,德育原则是德育规律的外在体现。规律只能被人们认识和利用,德育规律在具体的德育实践中的运用是通过德育原则来实现的,没有德育原则作为中介,德育规律就难以成为指导实践的有力武器。可见,德育规律与德育原则是辩证统一的关系,两者相辅相成,互为补充。

(二)德育原则必须反映教育规律

在教育体制中,德育工作不是一个孤立的体系,而是与教育和管理工作的各个环节相互联系、相互制约的。教育体系主要包括德育、智育、体育等内容。教育规律要求我们在德、智、体等几个方面均衡发展,不要只注重某一方面的教育而忽视其他方面的教育。毛泽东曾指出:"我们的教育方针,应该使受教育者在德育、智育、体育几方面都得到发展。"其中对三者之间的辩证关系,可以分别从德育与智育、德育与体育、体育与智育三个方面的关系来考察。这里着重探讨德育与智育、德育与体育之间的关系以及它们对德育原则的影响。

首先是德育与智育的关系。教育学的研究结果表明,在德育与智育之间存在着一种相互平行的关系。在一般情况下,一个受过良好知识教育的人,其道德素养也相对较高。两者虽然存在一定程度上的相关性,但不是简单的决定与被决定、制约与被制约的关系,即便文化水平较低的人也具有朴素的良好品质。高等院校培养的各类人才不仅需要有较高的科学文化素质,也需要有较高的思想道德素质,两者缺一不可。历史经验告诉我们,只重视德育而忽视智育或者只重视智育而忽视德育,都会严重影响高等院校人才的培养质量甚至影响社会安定。

其次是德育与体育的关系。体育不仅是为了帮助学生锻炼身体,让他们形成健康的体魄,还具有另外一个重要功能,即提升人们的精神境界。在古希腊的斯巴达,每个即将成年的人都必须接受军事训练,其目的不仅在于强军,而且让人们形成对斯巴达城邦的归属感。在中国近现代高等教育史上,各个统治阶级都十分注意体育与德育的结合,利用军训和各类竞技训练,培养学生"坚忍"之精神。德育与体育相结合的规律已经在中国近现代教育史上得到普遍的认同,在不同的时代,它始终是作为一项基本德育原则出现在各种规章制度中。

高等教育不仅强调德育与智育、体育的相互协调的教育,而且也承认德育的特殊地位,即认为德育是一项有着相对独立的实体性教育工作,又始终与智育、体育等工作紧密结合,并渗透在智育和体育的过程中。但是,德育的特殊性并不表示德育可以凌驾于智育和体育之上,它仍然是与智育、体育同等重要的工作。我们承认德育的特殊性,要求德育工作一刻也不能放松,是如实地认为它始终贯穿于教育体系之中。因此,长期以来都将德育视为其他一切工作的"生命线",在高等教育体系中,德育也是智育与体育的"生命线"。对德育工作"生命线"地位的认识是给予德育工作一个准确的定位。

(三)德育原则必须符合学生思想品德形成与发展规律

个体思想品德形成与发展规律是德育原则确立的微观上的依据。德育的最终目的不只是将一定的社会要求灌输给受教育者,更重要的是要引导受教育者经过自己的心理活动,内化为自己的思想品德情感和意志,最终外化为具体的道德行为。因此,对个体在心理上如何接受德育内容,都要求对学生的思想品德形成的规律有一个正确的认识。

个体思想品德形成和发展规律可以划分成两类不同的规律体系,从共时性上来看,个体在接受并践行一定的社会要求时,需要经过知、情、意行的矛盾变化,这就是说,个体在接受教育时,具有一定的主动性。德育只有注意发挥受教育者的主体性,才能收到实效。在历史性上,由于人在不同的时期生理和心理特征有所不同,个体的思想品德的发展状况在不同的年龄段上也有差别。德育对象主要是学生,他们在生理上大多处于青春中晚期,趋近成熟;在心理上,他们思维活跃,情绪变化丰富,并具备了较强的自我意识。德育对象的特殊性要求德育工作加强针对性,做到有的放矢、区别对待,以增强德育的实效性。

二、家庭教育之德育体现——家庭美德

(一)家庭美德的含义

家庭美德是调节家庭内部成员和家庭生活密切相关的人际交往关系的行为规范。家庭是社会的细胞,是人类社会生活的基础组织形式。家庭美德是社会主义道德建设的重要组成部分。

第三章　新时期农村家庭的儿童道德品质培养

（二）家庭美德教育的内容

家庭美德教育的基本内容是尊老爱幼、夫妻和睦、勤俭持家、邻里团结。对于随父母一块儿生活而又以学校集体生活为主的儿童,在家庭美德方面,主要是提倡尊敬长辈,孝敬父母,努力学习,遵守校纪,立志成才,以实际行动报答父母长辈的养育之恩,学会在生活上照料父母,经济上赡养父母,精神上慰藉父母。要勤俭节约,生活上俭朴,努力培养生活自理能力,不乱花钱,不铺张浪费。假期在家要做家务劳动,为父母家庭分担忧愁,体谅父母长辈的辛劳,关心体贴父母长辈的身体健康。不可只顾自己享受,反对好吃懒做,没有家庭和社会责任的行为。

（三）家庭美德教育的途径和方法

家庭美德教育,主要是通过家庭教育和影响,学校重视和社会大环境等环节,使儿童逐步形成家庭美德的意识。

家庭教育是子女思想品德形成和发展的基础,父母长辈的言传身教对子女影响是很深刻的。父母要利用家庭教育的优势对子女进行有针对性的、行之有效的教育。学校要对学生进行尊敬师长、关心集体、勤俭节约、团结互助、热爱劳动的教育,为学生创造一切条件,进行家庭美德方面的修养。社会要重视家庭美德教育对儿童的影响,利用各种形式,宣传和弘扬社会中家庭美德的典型事例,形成良好的氛围。

（四）家庭美德教育的意义

家庭美德教育是社会主义道德建设和儿童思想道德教育的重要方面。它对于整个社会主义道德建设的健康发展,具有重要的现实意义。

首先,家庭美德建设是家庭生活美满幸福的道德基础。家庭伦理道德的建设,能够促使家庭成员提高各方面的素质,养成良好的生活、学习和工作习惯,有效地发挥家庭所担负的社会职能,建立良好的家庭成员间的和谐关系,从而使家庭处于温馨、欢乐与幸福的状态。

其次,家庭美德教育能够促进社会公德和职业道德教育的形成和发展。一个具有良好家庭伦理道德素质的人,在社会生活中一般都会是一个遵守社会公德的好公民,在关心父母长辈的基础上,同时也会关心他人和集体。具有家庭责任感的人,必然对岗位、对工作会有高度的事业心。

第二节 家庭环境中的教育信念与儿童发展

家庭德育作为家庭教育的种概念,是德育活动的主要形式,它不仅是整个德育体系的重要组成部分,而且也是家庭教育不可缺少的组成部分。儿童在家庭中接受的德育是学校、社会及其他任何机构都难以取代的。因此,无论是学校还是家长,都应重新审视家庭德育的重要作用。

一、家庭环境中的教育信念

家长要想教育好自己的子女,并不是仅仅怀有一颗爱心,或者抱着一种望子成龙、望女成凤的心态就可以的,还应该讲究教育的手段和方式,只有形成良好的家庭环境,才能让孩子健康成长。

儿童家庭教育是以往教育的延续,但是在教育内容上,家长应该有所转变,即在中学阶段,家庭教育的内容主要是培养学生的智力,但是到了大学阶段,家庭教育的内容主要是为了培养学生的非智力因素,将成人教育、成才教育视作教育的主要目标,因此这一阶段,家庭教育应该侧重于培养儿童的综合素质。

(一)思想品德教育

在家庭教育中,思想品德教育也是其重要的内容,包括学生的世界观、人生观、价值观等。因此,每一个家庭需要努力提升自己孩子的思想道德水平,家长可以与自己的孩子进行交流,引导他们构建自己的道德意识,发挥他们的道德情感,提升他们的道德行为。

第三章　新时期农村家庭的儿童道德品质培养

（二）社会适应能力教育

儿童进入大学之后,就意味着已经向社会迈进,因此要求他们能够在社会这个大环境下,与他人展开交流、与社会环境能够协调,从而提升自身的综合素养。这是一种综合能力,与儿童个人的前途与命运休戚相关。因此,家长应该引导孩子与他人接触,恰当处理与他人的关系,从而与社会环境相适应。

（三）身心健康教育

在儿童家庭教育中,身心健康教育非常重要,也是现代人才的根本要求。当前,儿童的身体素质并不乐观,因此家长应该努力培养他们的健康意识,让儿童明确身体是革命的本钱,只有身体健康了,才能更好地进行学习、走向社会。

（四）爱和生命教育

教育的终极目标在于让每一个生命都能健康发展。对儿童展开爱和生命的教育,可以将儿童的生命热情激发出来,引导他们对生命有正确的认识,能够珍爱生命、珍爱自己、珍爱他人。因此,家长应该创造平等、民主、和谐的家庭氛围,让儿童感受到生命是多么美好,从而更好地尊重生命。

（五）情感教育

一个人经受过情感教育,他往往善于与他人沟通交流,能够唤起他们对生活的热爱。如果一个人没有经过情感教育,往往比较自大、自卑。大学阶段是孩子情感走向成熟的阶段,因此家长应该好好把握,引导孩子培养有责任、自豪、信任、安全的情感,让他们学会控制自己的情感、学会表达,从而形成健康的情感。①

---

① 龚芸.高职学生学习倦怠问题研究[M].北京:北京理工大学出版社,2015.

二、探索改善儿童家庭德育教育的方法

作为儿童家长,应该理性看待家庭教育,即主要是为了培养孩子的人格、发展孩子的品德,使他们能够成为负责人、有合作精神、积极向上的人才。

(一)创造良好的家庭教育氛围

家庭环境氛围对于孩子的影响非常大。一个家庭的氛围良好,往往父母和孩子之间的情感交流比较协调,能够让孩子感受到幸福,这是孩子取得成功的基础。很多人说,孩子步入大学,就脱离了家长的掌控。其实不然,家庭作为一种婚姻血缘性的组织,对儿童的影响仍然存在,并且以潜在的形式融入亲情之中。家长应该摒弃传统的"孩子进入大学就放心了"等类似这样的错误的思想,应该将家庭教育的优势发挥出来,家长不能因时空距离的限制,觉得自己有心无力,应该多通过电话、网络等手段,与学校教导员等取得联系,了解孩子的状态和学习情况,及时给予孩子指导和建议,这样才能让孩子感受到家庭带给他们的温暖。只有这样,孩子才愿意与家长进行交流,愿意把自己的困惑分享给爸妈。

(二)重视学校在家庭教育中的桥梁作用

学校与家长的目标是一致的,都希望孩子们可以成长成才。但是很多时候,家长并不了解孩子的思想,即便想展开家庭教育,也很难实施到位。另外,儿童的身心发展,光靠学校的宏观教育显然是不行的,还需要多个方面的配合。因此,学校应该与家长取得联系,定期与家长进行沟通,让学生家长了解学生在校的情况。

(三)强化学生参与家庭教育的主动意识

学校应该重视培养儿童尊重与体谅父母等品德,利用征文、思政教育等手段,教化儿童对自己的父母要尊重和孝敬,要求儿童定期与家长联系,主动向自己的父母汇报自己的思想和学习情况,这样不仅可以加强儿童与父母之间的关系,还能够得到家长的了解和帮助。同时,很多孩子的言行也可以增加家长的眼界和见识,让家长合理调整自己的家庭教育内容,从而体现出家庭教育是家庭成员不间断的教育过程。

(四)转变观念,确立家庭德育载体在儿童成长中的重要地位

长期以来,许多错误的认知干扰着家庭德育载体的发展。首先,许多家长普遍认为家庭教育的对象是学前婴儿童和中小学生。在我国目前的教育体制下,"考入大学"成为众多家长培养子女的"终极目标",因此,家长们更多地关注子女的学龄前教育和基础阶段教育,"十年寒窗"只是为了将子女送入大学校门。一旦子女考入大学,"终极目标"实现后,此时的家长们就有如释重负的感觉,认为子女已被送进了"保险箱",余下的事应由国家(即大学)来负责,自己的任务已经完成了,这是目前存在于家庭德育认知上的误区之一。其次,由于受"应试教育"的影响,家庭教育在内容上更重视对子女进行专业技能知识传授,而忽视对子女进行道德知识的教育和道德素质的培养。家庭教育的内容大部分是围绕着"升学"这个指挥棒进行的。再次,与中小学生不同的是,儿童大多到远离家乡的地区求学,且学习和生活都在学校,这种距离在客观上造成了儿童与家长联系减少,家长不能再像在中小学时那样了解子女,不能有更多的"面对面"的互动教育,只是通过电话、书信和电子邮件进行沟通。

其实,在儿童的整个德育体系中,家庭、学校及社会三者是缺一不可的,但就目前家庭德育的现状来看,家庭的德育载体功能远没有得到充分发挥,如不及时改变这种状况,势必影响儿童德育目标的实现。而要做到这一点,转变观念,确立家庭德育载体在儿童成长中的重要地位是十分重要的。只有首先从思想观念上确立家庭德育载体在儿童德育中的重要地位,才能在行动上采取积极措施,推动家庭教育的改进和加强。

第三节　农村儿童良好道德品质培养的途径

一、树立科学的家庭教育观念

家长是孩子最好的老师,家庭教育是青少年的第一课堂,作为社会"细胞"的家庭是青少年价值观念培育的起点。父母要树立科学的家庭教育观念,明确对自身教育角色的认知,端正家庭教育动机和价值观,发挥家庭在青少年价值观念培养中的基础性作用,对青少年进行正向引导。

（一）准确把握家庭教育定位

家庭教育定位是指父母对于家庭教育的认知,是否认识到家庭教育的重要性。当前许多家庭教育定位不当,对青少年的价值观教育不仅没有引起足够重视,而且不符合我国国情和新时代发展需要。每个时代都有每个时代的时代精神和价值观念,我们要努力培养符合时代要求,符合青少年成才需要的价值观。要想使家庭发挥良好的教育作用,父母必须要纠正家庭教育定位偏差,转变家庭教育观念。

一方面,加强父母在青少年的价值观教育问题上的重视。从出生开始,父母就对青少年肩负着重要的教育责任,负责他们的成长成人成才,既为他们指明前进方向,也为培育合格的社会主义建设者与接班人奠定基础。但是在复杂多变的当今社会,各种思潮的涌入对青少年的价值观产生极大影响,这决定了家庭教育不仅仅是空空而谈,而是需要父母实际付出并付诸有效的行动,对子女生之,养之,教之,化之,使之成为对家庭、社会、国家有益的人。因此,父母要更新传统的家庭教育观念,准确定位角色,加速理念的转变,将教育的永恒性与实践性一以贯之。

另一方面,父母以"小家为主,大家为辅"的观念需要改变。在一个家庭小团体内,父母对子女的培养教育具备主观性和随机性,而没有统一的客观标准,有些父母在对青少年的价值观教育中,很少会考虑到社会的需求和进行国家建设的要求。他们往往从"小家"需求出发,将"大家"的要求置之脑后,这种"小家为主,大家为辅"的传统观念不符合时代特性且具有极大的局限性。青少年的价值观如果和社会所推崇的价值观相吻合,那当然值得追求;一旦和社会大背景不相匹配,不仅得不到社会认可,还会致使他们在未来的社会生活中四处碰壁,更有甚者可能会导致他们最终一事无成。因此,培养青少年积极正确的价值观是父母不可推卸的责任,更是他们的义务,将"小家"和"大家"有机融合,相互配合,相得益彰。

(二)重视家庭中的德育功能

家庭德育是家庭社会功能和文明功能的承载体,担负着对青少年社会教化的德育功能。中国社会传统一贯高度重视家庭中的德育功能,强调家庭的社会功能与文明功能不可替代。家长应高度重视德育教育在家庭教育中的地位。

德才兼备、内外兼修一直都是我们中华民族所推崇和倡导的传统美德。父母必须遵循德才兼备的育人目标,避免陷入有德无才和有才无德的尴尬境地。现实生活中,很多家长为了功利化的目标,只追求孩子学习分数的提高,不重视对孩子做人的培养,即"健全的人格修养"的培养。要想使家庭发挥良好的教育作用,父母必须要摒弃重智轻德的错误观念,更要重视其道德与人格的完善,通过身体力行和熏陶感染,不断完善青少年的价值观念、人格品质和道德修养,培养青少年对社会主义核心价值观的认同,为国家培养出政治过硬、品格良好、三观端正的新时代青少年。

父母要做青少年价值观的引导者,用核心价值观夯实他们的价值定位。一方面,家长要把中华民族传统美德和核心价值观放在家庭德育的首要位置。对青少年的教育,父母要注重理论与实践的结合,不仅要帮助他们正确理解核心价值观的内涵,更要将国家宏伟目标、社会氛围、和个人价值三个层次相互融合,付诸行动。带领青少年身体力行,在实践中领悟核心价值观的真正内涵。另一方面,父母要针对青少年的个性特点进行教育。现代社会的复杂性给青少年带来机遇的同时,又极具挑战性。他们富有潜力又独具个性,在对青少年进行德育教育时既要尊重青少年的个性,又要结合实际,采用不同的方法以达到更好的教育效果。

二、营造良好的家庭教育环境

（一）创造必要的物质条件，奠定坚实的经济基础

良好的家庭教育需要一定的经济基础，经济基础为实施良好的家庭教育提供了保障。必要的物质条件可以保证青少年在健康、美好的环境中成长。家庭中的经济状况对于青少年的价值观有很大的影响。一般来讲，坚实可靠的物质条件，可以给青少年提供优质的生活、健康的心理、积极乐观的处事态度。表现在道德价值观方面，必要的物质条件可以给青少年带来心理的充实感，更有利于青少年形成宽容、无私、博爱等的价值观念；表现在学习价值观方面，必要的物质条件可以给青少年提供良好的学习和生活环境，取得好成绩的概率更大；表现在就业价值观方面，必要的物质条件可以满足青少年的合理需要，在进行社会实践过程中更注重于自身的锻炼、眼界的开阔、格局的提升，而不是只顾赚取利益；表现在婚恋价值观方面，必要的物质条件可以使青少年在恋爱或者婚姻中考虑金钱因素更少，考虑精神等其他合理因素更多一些。因此，家长要努力奋进，尽可能地给子女提供良好的物质条件和相对安全舒适的环境，给孩子今后的发展奠定一定的经济基础。

但是家长也应注意，虽然一定的物质条件为实施良好的家庭教育提供了保障，为青少年接受良好的家庭教育奠定了物质基础，但是如果家长整体素质不高，没有良好的教育方法，没有良好的家教氛围，仍然难以为青少年提供真正意义上的高质量的家庭教育。因此，父母在对青少年进行价值观教育时要注意以下两方面：一方面，要时刻注意自身的言行。父母不应仅仅满足于对孩子物质上的给予，更需要的是和他们真诚交流。优质的物质条件容易使人骄傲自满，在对青少年的教育过程中容易表现出"一言堂"的态度，对青少年起不到很好的价值观教育作用。所以父母要特别重视对青少年的教育态度。另一方面，要对孩子做好表率作用。优质的物质条件更要求父母要树立正确的金钱价值观，避免陷入享乐主义、奢靡之风的不良境地，在道德、学习、事业、婚姻方面更要注意自己的一言一行，给青少年树立一个良好的榜样。

诚然，给青少年提供良好的家庭经济基础是很重要的前提，但是家长也不要忽略了孩子精神世界的富足。作为经济基础一般的父母，虽然

第三章　新时期农村家庭的儿童道德品质培养

无法给予孩子优越的生活条件,但如果能帮助孩子养成受益一生的良好品格和生活习惯,也能培养孩子在生活中积极快乐地成长。

(二)提高父母的教育水平,提升教育能力

现代社会不仅对青少年提出了各种要求,也给父母提出了更高要求。他们已经认识到对子女进行科学教育的重要性,并对此有着非常强烈的要求。与此同时,父母的素质和家庭教育能力也有了很大提升。但是由于部分父母意识观念的落后,教育子女还是采用传统的教育观念,并没有做到与时俱进,在实践中也并没有取得理想的教育效果。因此,父母要提升教育水平,提高教育能力。

一方面,父母要转变以往的经验主义,对子女进行家庭教育的时候要讲究策略,方法得当可以起到事半功倍的作用。父母除了要满足孩子正常的物质需要、精神需要,还要注重自身素质的不断提高,不断检查和修正自身教育孩子的许多不足缺欠之处,改进家庭教育的方式方法,做到与时俱进。因此,父母要对自己高标准严要求,这样才能以身作则,更好地对青少年进行价值观教育。例如,父母可以积极利用现代网络技术,通过学习网络上的教育方法等不断提升自己的教育水平。

另一方面,政府应该发挥积极作用,提高家长的教育水平。父母虽不像专业教师一样有专业的教育水平,但作为子女的终身教育者,也应该不断学习如何做一个好父母,如何成功地教育子女,如何能够让子女拥有正确的价值观。因此,除了父母自身的努力之外,政府也应积极发挥作用,例如各级教育部门可以通过家长学校对家长进行系统科学有效培训,定期组织家长进行理论学习,进行教育方法的传授以提高家庭教育质量水平;也可以定期组织活动,在活动中渗透教育观念的传播。通过理论结合实践,更好地发挥政府的作用,最大程度地发挥对青少年教育的合力。

三、父母陪伴与生活体验

(一)父亲积极参与,共担家庭养育的责任

父亲同样是孩子生命成长过程中至关重要的教养者,父亲在家庭养育的参与程度对孩子性格和自制力有着深刻的影响,而且当父亲缺席孩子的生活时,母亲单独的陪伴可能也会是乏味和单调的。现如今仍有许多家庭里父亲由于经济等原因全身心投入职场,忽略了孩子,或者基于我国国情更多强调母亲的养育责任而忽略了父亲的养育责任,因此在儿童长大的过程中常常缺少了父亲的身影,父亲游离于家庭养育之外。然而,父亲因其区别于母亲的特质是儿童长大过程中不能取代的存在。陪伴行为的质效性在于在陪伴过程中家长是否真正关注儿童的内心世界,用自己的品德和性格塑造影响儿童的品德和性格。要想儿童形成健康积极的品格,父母自我需要较为良好的品格,所以在教养中,父母双方的参与很重要,父母的品格互相渗透影响,从而帮助儿童形成良好的品格。当父亲积极参与到家庭育儿中,相较于父亲参与较少的家庭所包含的教育文化和精神能量都不可同日而语,父亲能对儿童进行榜样和支柱力量的引导,从而达到陪伴的真正目的和内涵。

  对于儿童来说,父亲和母亲同样重要,缺一不可。希望父亲能与母亲一起共担家庭养育的责任,积极参与儿童陪伴,并且父母亲也要注重和儿童的交流沟通。陪伴是家庭生活的主要部分,有效的陪伴行为有利于孩子及家庭的和谐,所以父亲也要积极参与养育,陪伴孩子一起成长。

(二)减少家庭矛盾性,创设温馨的家庭环境

  和谐的家庭环境对孩子来说是极其重要的,孩子同家长的信任和情感联结在孩子的社会化进程中起着决定性的作用,只有当孩子发自内心地认可家长,才会接受家长的教育并习得学习到的纪律和规则,将父母给予的奖励或处罚看作对自己有益的事情。陪伴是父母与儿童亲子生活中的重要组成部分,所以作为家长要提高自身的教养素养和能力,减少家庭成员之间的矛盾性,从而在陪伴过程中产生积极的作用,提高陪伴的质效性,使得陪伴的过程成为正向情感交流和能量传递的过程。因此,多与儿童沟通,不要将爱藏在心里,要擅长向孩子表达爱、传达爱。让孩子感觉到自己是安全的,父母永远都是爱着他(她)的,无论何时何地都会保护他(她),抱着尊重平等的态度了解孩子向家长诉说的故事和情感。只有家长充分尊重儿童,儿童才能做到自我肯定和自我接纳。经常与儿童进行眼神交流,用眼神表达对儿童的爱、赞赏和鼓励。只有孩

子感觉自己是被爱和被肯定的,才能安心地探索周围环境。

(三)增强家庭文化性,提高陪伴质量

家长是儿童的首任教师,更是引领孩子走进生活的引路人。父母陪伴儿童所进行的活动将直接影响儿童的视野与能力。父母的陪伴总体表现较好,注重孩子的独立性和情绪情感。

当家长了解和掌握的科学育儿知识越多,就越能采用科学合理的教养方式和陪伴活动,因此父母应增强文化性,不仅要把陪伴看作亲子相处的行为,还要重视陪伴中所进行的活动,并将其看作养成孩子良好的生活习惯、学习习惯和开阔视野的重要机会。同时,父母也应认识到劳动和自理能力的重要性,如做家务劳动有助于儿童大动作与精细动作的发展,增强孩子的责任感,养成和掌握自我服务能力和生活技能;种植活动有利于帮助孩子了解到植物的魅力与生命力;绘画有助于儿童想象力与创新能力的发展等。父母应在陪伴前进行细致的设计与规划,准备材料,从而有效地引导与指导儿童。父母通过语言或行为引导,引发儿童对活动的兴趣,再通过提问、回应等方式使儿童获得经验、成就感、探究精神。

高素质的父母才能完成高质量的陪伴行为,作为父母都希望自己的孩子变得优秀,前提是父母先成为更优秀的自己。父母的榜样力量对儿童的影响是巨大的,当父母想引导儿童进步和成长时,自己首先要有不断学习的意识和勇于改变的决心,才能通过言传身教影响和引导儿童成长。受中国封建思想影响,父母的地位似乎高于幼儿,儿童只能听从父母,所以父母在家庭教养中不能以平等的心态对待儿童,不能真正尊重儿童的个体性和独立性。因此,父母应始终保持着终身学习的能力和心态,而不是仅凭学生时代习得的知识和技能过完一生,无论是父母自我的事业和生活还是家庭教育对儿童的陪伴都需要父母的不断学习。作为父母对儿童在性格和文化养成的影响远大于学校和社会。

(四)制订可行的家规,明确家庭教育的边界

越是有组织性的家庭,家长的陪伴行为越有效,这表明可行的家规,明确的家庭边界有利于家长和孩子明白家庭的行为规定,从而更好地促

进家长有效陪伴行为的发生。

当家庭拥有了可行的、严格的行为限制和家规时,家长温柔并坚定地向孩子表述清楚家规的要求,孩子能清楚并深刻地获取到隐于家规之下的父母的规定和期望的信息。而这些信息也反过来规定着家长的行为,使得家长陪伴行为更趋于有效和有意义。对于父母上班孩子必须由老人看护的家庭,父母要尽量在工作之余抽出时间与孩子在一起交流、游戏,平时多向老人渗透有关科学教育孩子的方法和行为,提醒老人避免可能出现的不合理的教养行为。有明确边界的家庭里的孩子会更加有自尊心,并且家庭的氛围也更加和谐温馨。

受社会大环境影响,家庭亲子关系之间的形态也发生了改变,家长对孩子的教养模式由传统的命令式改为平等的对话式,所以现在家庭更应明确家庭教养的边界,家长与儿童平等对话,共同商量出可行的家规,一方面有利于建立平等互动的良好亲子关系,另一方面有利于儿童建立良好的规则意识,从而更好地成长和发展。家长基于所拥有的人生阅历和经验,可以以科学共情的方式与儿童进行沟通交流,在亲子关系中家长的角色更多是关爱者、支持者和帮助者。

第四章 新时期农村家庭的儿童智力开发

随着科技不断发展,国际上各个领域竞争非常激烈,这就对人们提出了一个十分艰巨的任务——创造。而这就需要培养能创造、会创造的人才。因此,培养年轻一代的智力和创造力是当今教育工作者以及一些明智的家长的共同心愿,也成了广大青少年的自觉要求。要想开发智力潜能,就需要提升全民族的文化素养,尤其是要培养青年一代的创造力。这不仅是教育工作者的责任,也是家长的责任,家长也需要肩负起儿童智力教育的重任。

第一节 幼儿早期智力的开发

一、早期智力开发的意义

(一)幼儿期是个体智能发展的黄金时期

智力,又称智慧或智能。对其含义,目前学术界尚未有完全一致的认识。但多数人认为,它指的是人在认识过程中表现出来的能力,主要包括注意力、观察力、记忆力、想象力和思维能力,其中以思维能力为核心。美国心理学家加德纳则认为,智力是一组能力,包括语言智力、逻辑—数学智力、空间和视觉智力、音乐智力、运动和身体智力、内省智力、人际智力和自然认知能力。

早期智力开发,指的是家庭、教育机构和社会在幼儿具备某种智能之前的适当时期(比儿童智力发展规律的年龄略微提前)内,给他们提供恰如其分的感官刺激,促进大脑的发育,以加速幼儿的先天潜能变为现实的智能的教育影响活动。

对幼儿进行早期智力开发,是根据个体智力发展的规律提出来的。其目的就在于使幼儿的潜在能力最大限度地发挥出来,为他们一生的发展奠定良好的基础;同时,利用早期学习经验对后期学习的正迁移作用,为他们以后的发展提供较高的起点。

(二)家庭在幼儿早期智力开发中起着重要作用

人类对早期智力开发的探索,早在古代就已开始,而且成功者数不胜数。我国古代杰出人物的成长,大多与其年幼时良好的家庭教育有关;近年来,大批智力超常儿童和少年大学生的涌现,也无不得益于家庭重视其早期智力开发。大量经验证明:适当的早期教育可使儿童的能力发展到令人难以置信的程度。

当代世界各国都十分重视发展幼儿教育,但要使所有幼儿都受到专门教育机构的教育,并非易事,即使是能接受专门教育机构教育的幼儿,家庭在对其早期智力开发中,仍然扮演主要角色,发挥着重要作用。

对于幼儿的智力发展,家庭早期智力开发的作用主要表现在以下几个方面:

1. 可以使智力发展的可能性转化为现实

人的智力不是与生俱来的,而是在先天素质的基础上,在学习知识和实践活动过程中逐步形成和发展的。优生、优养使孩子有了良好的身体素质,为孩子的智力发展提供了可能;但必须同时实施优教,抓住"关键期",开发其智力"宝藏",智力发展的可能性才会变成现实。儿童智力发展有其差异性,普通儿童居大多数;在同龄的普通儿童中,智力发展又是不平衡的。一般来说,儿童在智力发展的先天素质上的差别并不大,造成智力差别的主要原因在于后天的环境和教育不同,首先是家庭的环境和教育,尤其是家庭对早期教育的重视与实施的程度不同。国内有些研究人员曾进行了一项有关儿童智力发展与家庭教育关系的实验研究,研究结果是:得分最高的儿童的家长,许多只是初中文化程度的人,而得分最低的儿童的家长中,有不少是大学毕业的知识分子。研究者认为,儿童智力发展水平上的差别,其家庭因素主要不在家长的职业和文化程度,而在于家长是否重视并切实进行幼儿早期智力开发。

2. 可以使超常儿童脱颖而出

智力超常的儿童,古今中外都屡见不鲜,其表现的领域很广泛,如数学、文学、外语、科技、音乐、绘画、书法等等,因人而异。我国古代所谓的"神童",外国所谓的"天才儿童",就是这类儿童。智力超常儿童若年龄处在3～6岁,则叫早慧幼儿。据一些学者研究,儿童强烈的求知欲,对某种活动的浓厚兴趣和刻苦努力,是超常儿童智力发展的主观因素;而精心安排的教育培养,尤其是早期的教育培养,则是促进儿童智力超常的更为重要的客观因素。心理学家们曾分别对历史上一些杰出人物的童年智力发展进行追溯性研究,对现实中一些少年人才的成长过程所做的跟踪研究,其结果几乎都证实了以上观点。近年来,国内不少研究人员对一些超常儿童进行了调查和跟踪研究,发现这些儿童2～3岁已认了许多字,4～5岁能大量阅读,他们中的一些人在14～15岁就开始上大学。这些儿童智力发展之所以那么突出,除优异的先天素质之外,绝大多数都有一个共同点,就是从小受到了较好的家庭早期教育。目前,全国范围内发现的超常儿童还不多,除了有些可能属于"大器晚成"者外,大量超常儿童是由于缺乏良好的家庭教育而被埋没了。

3. 可以使缺陷儿童得到早期补偿

在加强对超常儿童研究的同时,许多国家还重视对智迟儿童的研究。一般都认为,有些儿童先天素质较差,体质较弱,直接影响着智力的发展,如果早期教育得法,脑细胞功能有效充分地发挥,同样可以聪明起来。因此,要使智迟儿童的智力在原有基础上得到最大限度地发展,就要尽早发现并及时对其进行适合其特点的早期教育。特别值得称道的是,19世纪初德国一位名叫卡尔·威特的乡村牧师,提出"孩子的教育必须随着婴儿智力展露曙光之初就一起开始进行"的理念,并坚持不懈地在"痴呆迟钝"的儿子身上实施,结果奇迹出现了:他那个也叫卡尔·威特的儿子,8～9岁时就能够自如地运用德语、法语、意大利语、拉丁语、英语和希腊语,通晓动物学、植物学、物理学、化学,尤其擅长数学;9岁那年通过了莱比希大学的入学考试;一年后转入哥廷根大学;年仅14岁就被授予哲学博士学位;16岁获得法学博士学位,进而被柏林大学聘为法学教授;23岁时他发表《但丁的误解》一书,成为研究但丁的权威。国内有些研究者与智迟儿童家庭一起,对这些智迟儿童进行了有关的实验,也取得了一定的效果。对于智迟儿童进行早期智力开发,年龄越小,效果越好;年龄越大,效果越差,甚至无效。

二、早期智力开发的主要内容及方法

家庭的早期智力开发,应在丰富幼儿知识的同时,培养其兴趣、观察力、注意力、记忆力,发展口头语言、思维能力和动手能力。

(一)丰富知识

知识是智力发展的基础。教给幼儿的知识主要是周围生活中粗浅的常识,包括:

(1)社会生活常识。如:认识附近环境、家庭、幼儿园、中小学、商店、工厂、邮局以及本地的名胜等,知道它们的名称和主要功能;认识周围成人的劳动,从最接近的人的劳动开始,知道他们的职业称谓,使用的劳动工具、材料以及劳动的社会意义;知道节日;知道祖国的名称,认识国旗、国徽的特征;认识领袖;知道国家当前重大的事情,等等。

(2)有关自然的常识。如:认识常见的动植物;认识各种自然现象;认识常见的沙、石、土、铁、磁铁等物;懂得一些有关安全卫生的知识和科学知识,等等。

(3)有关数学的初步知识。如:认识和比较物体的大小、多少、长短、粗细、高低、宽窄、深浅、轻重;认识几何形体;认识空间、时间;认识10以内的数,学会10以内数的加减,等等。

(4)有关音乐、美术、体育等方面的简单知识。

(二)培养兴趣

幼儿的学习活动,往往从兴趣出发。兴趣能引起幼儿对某一事物的主动探求和细心观察,使他们在主动求知的过程中,注意力集中,思维积极,情绪愉快,从而促进智力发展。家长开发幼儿智力,最重要的莫过于激发幼儿对学习的兴趣。激发幼儿对学习的兴趣,一般可从以下几方面着手:

第四章　新时期农村家庭的儿童智力开发

（1）提供广泛接触,观察自然和社会的机会,让幼儿多听听,多看看,多摸摸,开阔视野,丰富见闻。

（2）正确对待幼儿的提问。提问题,是幼儿对世界的探索,家长要热情给予回答,并力求解决他们的疑难,使他们的求知欲和学习兴趣得到支持和鼓励,切不可因儿童问个没完或问题离奇古怪或自己无暇顾及而敷衍了事,甚至粗暴禁止。

（3）用适合幼儿年龄特点的方法传授知识。如：通过各种游戏,让幼儿在玩耍中学习；增加幼儿动手操作的机会,使之手脑并用；语言生动形象,绘声绘色,使幼儿听来感到津津有味。

（4）讲一些杰出人物年幼时学习的故事和当代一些才华出众儿童的事迹,以激发幼儿对学习的兴趣。

（5）家长自己具有浓厚的学习兴趣和强烈的求知欲望,对幼儿产生潜移默化的影响。

（三）培养观察力

观察力是一种有意识的、比较持久的知觉能力。孩子出生后的头几年,就以多种方式对周围环境、事物进行观察,这不仅是幼儿摄取感性知识的最重要的手段,而且是一切理性认识和复杂心理的基础。儿童对客观事物的观察愈细致、准确,知识愈丰富,在此基础上的记忆、想象、思维也愈好。因此,培养观察力,对幼儿智力发展具有决定性意义。家长培养幼儿的观察力的主要方法有：

（1）训练感官。如给婴幼儿看色彩鲜艳的图画和美丽的实物；向他们播放或哼唱悦耳的乐曲,朗读节奏鲜明、韵律感强的诗歌；让他们闻鲜花,上厨房,接触多种气味；等等。眼、耳、鼻、舌、皮肤五种感觉器官,和大脑紧密相连,训练五官,提高五官的感受性,自然会刺激大脑,加速整个神经系统的发育、成长,使观察力得到发展。

（2）观察日常用品。茶杯、脸盆、牙刷等日常用品,都有其独特的颜色、形状以及敲击后发出的声音。可以经常向婴幼儿展示这些物体,使其获得对物体的一般认识,在此基础上,还可引导幼儿注意物体在不同光照条件下显出的不同颜色和不同角度呈现的不同形状,了解物体的用途、性能等,逐步扩大和加深对物体的认识。

（3）观察周围环境,尤其是观察大自然。大自然色彩鲜艳,姿态娇美,音响动人,变化神奇,对天性好奇的幼儿有无限的吸引力;大自然将世界万事万物展示在儿童面前,让孩子看得见、摸得到、闻得着、听得清,有的还可以品尝;大自然的一切,从花草树木到鸟兽虫鱼,从日月星辰到风雨雷电,每个领域都是一个丰富的知识宝库。此外,日新月异的城市、乡村、社区、街道,人们良好的精神风貌等,堪称最好的课堂。家长既要给幼儿提供观察的机会,还要在观察过程中给予提示,帮助他看到其中美妙的一切,发展其观察能力。

(4)观察图片。这是间接观察。图片反映的事物和现象处于静态中,可以观察得细微,而且可以认识一些不容易和不可能接触的事物和现象。

(四)培养注意力

注意力是指个体心理活动对一定对象的指向和集中。它是心理活动的主流,任何心理活动都离不开注意。幼儿的无意注意占优势,注意力的广阔性比较狭窄,稳定性、分配性、转移性较差。家长必须根据幼儿注意力的特点,培养幼儿的注意力。

(1)保证幼儿有充分的睡眠时间,使其精神饱满,能保持注意力集中。

(2)根据幼儿的兴趣组织其学习以及活动,避免用呆板、单调的方式,强迫幼儿学习不感兴趣的知识和从事无兴趣的活动。

(3)针对幼儿无意注意力占优势的特点,让幼儿明确学习、活动的要求,并对学习、活动的结果发生兴趣,使其学习、活动处于主动、积极状态,能有效地保持有意注意力。

(五)培养记忆力

记忆是过去经验在人脑中的反映,它是人的智力活动的仓库。在智力发展最重要的幼儿时期,记忆具有重要意义。如果没有记忆力,那么幼儿每一次都要去重新认识那些已经学过或见过的事物,就不可能获得任何生活知识经验。幼儿记忆发展对学习文化科学知识有直接作用。家长可以采用以下方法,培养和发展幼儿的记忆力。

(1)运用教具,形象记忆。具体形象、生动鲜明的物体,能引起幼儿的兴趣,容易被幼儿识记。在幼儿学习知识中,恰当地运用实物、标本、模型、图画等直观教具,幼儿就能产生形象记忆,提高记忆能力。如学习数的组成、加减法,知识比较抽象,利用教具演示、讲解,幼儿就能理解知识,加之幼儿动手操作学具,很快就可掌握知识。

（2）多种感官,尝试记忆。调动幼儿的多种感官,视觉、听觉、嗅觉、味觉、触觉参与活动,能获得最好的尝试记忆效果。如认识苹果,通过看、摸、闻、尝,了解苹果的颜色、形状、味道,最后让幼儿画苹果,加深尝试后对知识的记忆。

（3）动作演示,准确记忆。有些知识,利用动作演示,幼儿就会准确理解并记忆。如:古诗《静夜思》中有一句"举头望明月",其中"举头"一词,通过家长的动作演示,幼儿尝试练习,准确地理解了词义,就在以后的提问中记忆犹新。

（4）善用比喻,理解记忆。无论是给幼儿讲故事,朗诵诗歌,还是绘画技巧的示范,不但要正确规范,还要善于运用一些浅显易懂的比喻手法破解难点,在幼儿的脑海里留下难忘的印象。如画金鱼的尾巴时,可告诉幼儿尾巴分开的叉像以一片片的柳树叶,幼儿记住了尾巴的样子,就能较容易地画出来。

（5）加强复习,强化记忆。学过的知识,如果不复习,时间长了也会忘掉。为此要不断帮助幼儿进行复习,但复习的方式方法要多种多样,既适合幼儿年龄特点,又能达到强化记忆知识的目的。

（六）发展口头语言

语言是人们接受知识、交流思想感情和进行社会交往的工具,又是智力发展尤其是思维能力发展的重要基础。婴幼儿时期是语言特别是口头语言发展的重要时期,这一时期,语言发展不仅直接影响幼儿的智力发展,而且对其一生的语言发展都具有决定性意义。因此,家长应做到:

（1）多和孩子说话。从孩子出生后第一声啼哭便可开始,有的教育家还主张始于"胎教"。婴儿不一定能听懂别人的说话,更不可能模仿,但可"观察"对方说话时的口形、表情,而且语言刺激还可促进婴儿大脑细胞的生长发育。

（2）结合孩子的认识活动教说话。如:结合认识日常生活用具,教孩子正确地说出它们的名称、外形特征、属性和用途;结合认识与家庭交往的人,让孩子学会对这些人的称呼,并使用礼貌语言,与这些人交谈;鼓励孩子大胆说话,引导他们用语言表达自己的愿望、要求和感觉。

(3)创设良好的语言环境。幼儿语言的发展,是在与成人及小伙伴的交往中实现的。模仿是儿童学习语言的基本方法,而周围成人尤其是父母,是他(她)模仿的主要对象。父母说话要力求发音正确,用词准确、丰富,句子完整、简洁,说话条理清楚、合乎逻辑,给孩子以潜移默化的影响。

(4)通过教儿歌、看图说话、讲故事等,促进幼儿语言能力的发展。儿歌、故事等材料,若能为幼儿所理解,并在理解的基础上记熟甚至背诵、复述,不仅对语言而且对其他智力因素的发展,具有巨大的促进作用。

(七)发展思维能力

思维是人脑对客观现实间接和概括的反映。幼儿借助于已有的知识、经验,能在一定程度上间接地反映客观现实。但幼儿时期思维能力的发展,是由直觉行动性思维逐步过渡到具体形象性思维,即在具体情境中依靠具体的经验进行的思维,其间接性和概括性水平较低。根据这些特点,发展幼儿思维能力要注意:

(1)通过各种方式的观察,丰富幼儿的感性认识,并在感性认识的基础上,鼓励他们对事物进行初步比较、分析、综合,对事物加以概括。如让幼儿观察鸡、鸭、鹅的外形,比较它们的不同,然后概括出"三鸟"的共同特征等。

(2)丰富幼儿的词汇,发展其语言能力。思维是借助词句进行的,思维和语言同时产生活动的结果也要用词句记载、巩固下来。因此,在发展幼儿思维的同时,必须发展其语言。

(3)鼓励幼儿多想、多问、多动手、多实践。幼儿积极思考,主动提出问题,这对他们思维的发展极其重要。家长要善于为幼儿创设"想问"的情境,激发孩子的求知欲望。在家长的引导下,幼儿面对丰富多彩的社会生活和千姿百态的自然环境,就会产生许多疑问,向成人提出。这是他们企图了解事物的特征,认识事物的联系和因果关系,探索自然和社会奥秘的表现,也是积极思维的结果。家长要珍惜幼儿的好奇心、求知欲,尽自己所知耐心解答他们提出的问题。对一般问题,用幼儿能听懂的方式加以解答;比较复杂的问题,为了说明准确,自己弄懂了再回答;一些孩子暂不需要弄懂或不易弄懂的问题,可以告诉他"等你长大了再告诉你",留下悬念。幼儿接触一些新奇的物品如玩具、钟表等等时,常常会看看这、动动那,有时还会把它拆得七零八落,这些行动,也往往是好奇心的表现,是思考探索的结果,同样要积极引导,使其发展成求知欲,不要简单地看成无知甚至"捣蛋",加以斥责。

(4)善于对孩子发问。问题是思维的起点,要想激发幼儿的潜能及创造力,家长必须掌握向孩子发问的方式和技巧。发问时,不要只问对或错的封闭式问题,最好依据幼儿的能力,问一些没有唯一答案的开放性问题,如茶杯有些什么用途,多少加多少等于10,等等。台湾学者陈龙安总结出发问技巧的"十字诀"。这"十字诀"是:假、例、比、替、除、可、想、组、六、类。"假",就是以"假如……"的方式和幼儿玩问答游戏;"例",即是多举例;"比",比较东西和东西之间的异同;"替",让幼儿多想些有什么是可以替代的;"除",用这样的句式启发——除……还有什么;"可",可能会怎么样;"想",让幼儿想象各种情况;"组",把不同的东西组合在一起会如何;"六",就是"六何"检讨策略,即为何、何人、何时、何事、何处、如何;"类",是多和幼儿类推各种可能。

(5)进行有关的思维训练。如让幼儿将图片或实物进行分类的训练,找出客观事物相异性、相同点或相似点的训练,将物体按要求排成序列的训练判断、推理能力的训练等。

(八)培养动手能力

脑生理学的研究证明,在脑的动作神经中枢里,有掌管手运动功能的神经组织,使手在运动时,与大脑相应管理手功能的神经元相联系。手的动作愈精细,操作程度愈复杂,相应地在大脑中占的面积愈大。也就是说,对手进行各种动作的训练,实际上使得大脑得到锻炼与刺激,脑与手的联系和脑内部的联系都得到加强,从而对改善脑功能起了积极的作用。家长培养幼儿的动手能力,主要在日常生活自理活动和游戏中进行。

(1)露手及用手指物的教育。充分地让婴儿的小手从袖中解放出来接触各种物体,在碰碰拿拿中发展触摸觉,如尽早用手去识别热、冷、硬、软,并与语言结合,使婴儿亲自获得对物体的感觉。这些感觉会沿着神经通道反射到大脑感觉中枢,多次循环往复,有助于提高反应能力。半岁左右,婴儿有了初步认识物体能力后,可以要求用手指指向物体,也可以在婴儿手里放些物品或玩具,满足他们活动的需求,这些都有助于促进手指与大脑智慧活动的结合。

(2)分拆物体及独立性的教育。2~3岁左右的幼儿,会出现给什么东西就拆什么东西的现象,这是因为幼儿有了探究欲,想看到里面的秘密。在拆的过程中,幼儿产生对物体拨、扭、旋转、敲等动作,家长应该选择一些可拆的物品供幼儿拆玩。这时,幼儿还有独立意识,产生"我来做"的想法。家长应创设条件锻炼他们的生活自理能力,让他们自己洗脸、刷牙、吃饭,独立完成日常生活中力所能及的自我服务劳动,从中进行动手操作培养。

(3)动手与创造相结合的教育。4~6岁阶段的幼儿,手指动作日益多种多样,不但会拆而且会拼,通过手的各种动作组合,基本学会所有人手具有的习作。此时家长可要求幼儿进行相嵌积木、剪贴、绘画、开锁、蒙眼辨物、听口令按指、弹豆、捻绳等活动,还可提供废旧物,让幼儿自己寻找满足需要的物品进行建构,训练手的灵活与精确,发展操作与创造的能力。

在幼儿早期智力开发中,游戏是最基本的方法。游戏不仅是儿童的世界,也是他们亲手创造的世界。让幼儿欢快地游戏,并加以科学引导,对其智力开发十分有益。①游戏中欢乐愉快活泼的气氛,是幼儿主动性、创造精神和思考能力养成的重要环境条件。孩子的欢乐情绪是生长发育和健全心理形成的重要环境因素。②游戏有助于幼儿快速反应判断能力的形成。幼儿在游戏中常常需要及时作出反应判断,在欢乐中不知不觉地养成了敏捷的思考反应能力。这对幼儿脑功能的发育极为有益。③游戏有助于发展幼儿的想象和思维能力。一些形象的游戏,如"老鹰抓小鸡"等可发展想象能力,通过游戏又使幼儿去思考如何取胜、为什么失败。④游戏有助于培养幼儿对体力和智力活动的兴趣,激发求知欲望。孩提时代往往通过一些游戏去逐步感知和认识世界。⑤游戏有助于培养幼儿积极向上的自信心和努力达到目的的意志力,这是幼儿成才极重要的心理品质。

为了使游戏对幼儿智力开发收到更佳的效果,家长组织幼儿游戏时应注意游戏的活动性、创造性、知识性和角色性,通过游戏活动促进幼儿的动作、技能、言语、思维能力及想象力的发展,发挥他们的创造性。家长和幼儿一起参加游戏,还可以使幼儿倍感愉快,有益于幼儿健全心理的形成。

第二节 常态儿童学习能力开发

一、儿童学习的特点

(一)意识性

人类是有意识的,意识使人能够按照一定的计划和目的进行学习,所以说,儿童的学习具有意识性的特点。

(二)社会性

人们都生活在一定的社会环境中,在这样的环境中,儿童除了可以通过直接参与的方式来获得社会经验外,还可以通过学习的方式来学习人类长期积累下来的历史经验,从而使儿童的知识得到不断丰富。这种社会历史经验有助于儿童去适应、改善和发展社会生活,使社会生活日益美好。由此可见,儿童的学习更主要地在于满足其社会生活的要求,这种社会性需要就成为激发儿童的学习动机的基本动力。所以,无论从学习的形式与内容看,还是从学习的动力与作用看,儿童的学习都具有社会性的特点。

二、常态儿童的学习指导

(一)能力为重的学习观

家长指导孩子学习,既要具备必要的知识技能,采用合理的教育方法,更要跟上时代前进的步伐,树立正确的学习观念。
1996年,国际21世纪教育委员会提交的报告《教育——财富蕴藏其中》,再一次强调了终身教育和终身学习的重要性,并进一步指出:教育必须围绕四种基本学习能力来重新设计、重新组织。这四种基本学习能力如下:

(1)学会认知。这种学习更多的是为掌握认识的手段,而不是获得经过分类的系统化知识。每个儿童都应能以恰当的方式学习科学而且终生成为"科学之友"。如果最初的教育提供了有助于终身继续在工作之中和工作之外学习的动力和基础,那么就可以认为这种教育是成功的。

(2)学会做事。即学会有效地应付变化不定的情况和参与对未来的创造。这不仅是动手技能,而且包括社会行为、协作能力、首创能力和冒险精神结合、交往能力、与他人共事的能力、管理和解决冲突的能力等综合而成的能力。

(3)学会共同生活。即培养在人类活动中的参与和合作精神。为了学会避免冲突或以和平方式解决冲突,家庭、社会、学校都要让孩子懂得人类的多样性,同时还要教他们认识地球上所有人之间具有相似性又是相互依存,并通过一些共同活动学会解决冲突的方法。

(4)学会生存。更充分地发展自己的人格,并能以不断增强的自主性、判断力和个人责任感来行动。为此,教育不应忽视人的任何一种潜力。该报告强调,这四种学习将是每个人一生的知识支柱。

因科学技术发展、社会变革及人才竞争的需要,家长指导子女学习,应改变偏重书本知识,忽视智能发展的传统观念,逐步树立能力为重的现代学习观。

(二)入学准备与入学教育

1. 学习是学生的社会义务

从幼儿园或家庭进入小学,开始接受学校教育,系统地学习知识,发展智力,这是儿童生活的一个重要转折。为了让孩子适应学习生活,履行好学习义务,家长必须重视入学前的学习准备和入学后的教育。

2. 做好入学前的学习准备

孩子入学前,既要做好心理上的准备,还要做好学习准备。一般的

第四章 新时期农村家庭的儿童智力开发

孩子,都会为自己将要成为小学生而感到高兴,甚至激动不已。这反映了孩子的向上心理和力求改变自己在社会、在他人中的地位的愿望。家长应当用孩子所容易接受的方式,及早让孩子初步了解知识的价值,激发孩子对知识的向往;知道自己的学习同成人的工作都是一种社会责任,必须努力完成才会得到教师、同学和家人正面的评价。

与此同时,要培养孩子具有一定的学习能力,包括观察、记忆、注意、思维、想象等能力,如:把注意力集中在学习活动上,听懂和记住教师讲的话,按教师的要求进行学习,等等。不少孩子入学前已学会了一定数量的字和一些简单的计算,但识字、懂得计算不一定就具备了应有的学习能力。有些家长为了减轻孩子入学后的学习负担,提前教以一年级课本,用心良苦,后果欠佳。因为小学一年级的教学,是以未受过系统学校教育的儿童为对象。孩子如果学过课本,上课时就会自以为什么都已学过而缺乏新的需要和兴趣,这不仅直接影响其学习成绩的提高,而且还有可能养成上课漫不经心的坏习惯。

为适应即将开始的学校学习的需要,还必须有一定的物质准备,如书包、铅笔盒、尺子、橡皮、转笔刀、削好的铅笔等,并在上学前,教会孩子使用和收拾这些用品。此外,还要根据可行的实际条件,尽可能为孩子准备一个较好的学习环境,至少让他有一个固定放文具、做功课的地方,使孩子从入学第一天开始,就能有条不紊地安排学习,全神贯注地完成课业,逐渐养成良好的学习习惯。

3. 培养独立生活的初步能力

孩子上学,开始了学生生活,不能再完全依靠父母。家长要帮助孩子逐步学会生活、学习、劳动和生存。孩子有了初步的独立生活能力,就可以在父母或其他成人帮助下,逐步学会定出学习计划,安排学习时间;学会在学习时集中精神复习功课、完成作业或进行课外阅读;学会对学习中遇到的问题自己进行思考,想办法找到答案;学会总结经验教训,优化学习方法,不断提高学习效率。

4. 配合学校进行入学教育

为了帮助刚入学的学生适应学校生活,学校在开学初会安排一定时间,比较集中地对学生进行入学教育,包括小学生守则教育、小学生日常行为规范教育、课堂规范训练以及学习方法指导等。家长也要配合学

校对孩子进行入学教育,一方面帮助孩子适应学校的学习生活,另一方面让孩子学会在家里进行学习。其主要内容如下:

(1)进行初步的学习目的、态度教育。学生的学习目的、态度,与其对知识价值的认识、对知识的向往和对学习的社会责任感等,有着内在联系。孩子对即将学习的意义和目的认识越明确,学习态度越端正,他的学习积极性、学习效率就越高,学习成绩也越显著。

(2)培养对学校对教师的感情。孩子热爱学校、尊敬教师,是有效进行学习的重要前提,而这在很大程度上取决于家长对学校、对教师的态度。家长要向孩子讲清学校、教师的作用,注意维护学校、教师的威信;千万不要在孩子面前随意议论学校、教师,也不要用学校、教师来恐吓孩子。

(3)建立生活作息制度。家长要根据学校上课时间,给孩子制订合理的作息制度,要求他们严格遵守,按时进行学习、玩耍、进餐、休息和睡眠。这对于智力发展和品德培养、身心健康都很有好处。如:孩子早晨按时起床,就有充分时间进行梳洗,整理床铺,穿衣服,做早操,吃早餐,然后从容地上学。如果各个环节处于被动状态,就会使孩子在上第一节课时精神兴奋,不能很好地集中注意力听课;而过度兴奋所造成的精神疲劳,又会使孩子在以后的各节课中,学习效率降低。

(4)适应学校生活各个环节。学生对学校生活尤其是学习生活,会经历一个逐步适应的过程,家长应给予关心和帮助。放学后,家长可在了解学校学习情况基础上,帮助孩子排忧解难,增强自信心;复习当天所学功课,完成教师布置的作业;可能的话做点儿预习,初步了解明天将要学习的新内容。孩子做功课时,最初家长应在旁具体指导,稍后着重提醒,再逐步让其独立学习,但切忌评头品足或者包办代替。

(三)培养良好的学习习惯

1. 从入学开始培养良好的学习习惯

学习习惯是人们在长期的学习活动中逐渐养成的。其过程从他律到自律,从简单到复杂,从不稳定到稳定。和生活习惯、行为习惯一样,学习习惯有好坏之分。养成良好的学习习惯,是实现学习效果最优化的可靠途径,不但有助于提高学习效率,使付出更少,收获更多,而且终身

第四章 新时期农村家庭的儿童智力开发

受益。因此,从孩子入学第一天起,就要开始严格要求,使其养成良好的学习习惯。在小学阶段,可着重于如下几点:

(1)专心学习的习惯。要求孩子学习时集中精力,专心致志;不要东张西望,边学边玩儿,一面做功课一面想着其他事情。

(2)按时、认真、独立完成作业的习惯。要求孩子按时完成作业,做到当天功课当天完成,先做完作业后玩耍;认真完成作业,做到认真审题、计算、书写、检查,不马虎应付,写完了事;独立完成作业,做到自己动脑筋,运用所学知识解决问题,不要一碰到困难就说不懂,依赖家长。

(3)爱读书的习惯。家长自己做出榜样,引导孩子爱读书,会读书,在努力读熟、读懂课本的同时,充分利用课余时间阅读适合的报刊和课外读物。

(4)勤动脑、好提问的习惯。孩子面对大千世界,几乎每天都会发现"新大陆",遇到新问题。家长应鼓励孩子提出问题,通过自己思考,请教别人或查阅资料解决问题,并使之成为习惯。

2. 中学阶段还须重视学习习惯的培养

孩子升上中学后,学科增加了,各科教师根据学科的特点,向学生提出的学习要求明显地提高了;而中学阶段的学习内容比较抽象,大多需要在理解的基础上记忆、分析和综合运用。根据这些特点,家长应进一步培养孩子更自觉、更有效进行学习的良好习惯,如下:

(1)按学习规律进行学习的习惯。中学阶段各科的学习,一般包括"预习—听课—复习—作业—总结"等几个环节,其中听课是中心环节。有些中学向学生提出"三先三后"的要求,即先预习后听课;先复习后作业;先思考后提问。这一要求,基本上体现了中学生学习的规律,是需要重点培养的习惯。

(2)独立思考、善于思考的习惯。看问题容易只顾部分,忽视整体,只顾现象,忽视本质,即容易出现片面性和表面性,是少年期思维的年龄特点。这些特点,有时表现为毫无根据的争论,有时表现为孤立地、偏激地看问题,有时则好走极端,肯定或否定一切。针对这些特点,家长一方面对孩子的独立思考精神加以鼓励,另一方面对他们在独立思考中出现的缺点,随时给予积极的引导、耐心的说服,使他们逐步学会辩证地观察问题、分析问题、解决问题。

(3)使用工具书、参考书、网络等习惯。学习遇到问题,不但可以向老师、同学、家长请教,还可求教于"不会说话的老师"——工具书、参考书、网络等。但选择什么样的媒体,家长要当好"参谋",或请教师给予指导。否则,孩子的阅读精力有限,而来自各种媒体的资讯纷繁复杂、良莠并存,随手拈来,难以收到好的效果。

(4)科学用脑的习惯。所谓科学用脑,即合理地使用脑力,以期在最少消耗的情况下发挥其最大的作用。如:注意劳逸结合,每天有8~9小时睡眠时间,不"开早车""开夜车",全神贯注学习1小时左右后稍事休息,不搞"疲劳轰炸",以保证大脑得到充分休息;注意动静调节,除对各种学习作合理安排外,在课间或自学休息时散散步、聊聊天、跳跳舞、听听音乐,使处于紧张状态的大脑皮层得到适当调节,从一个兴奋灶转移到另一个兴奋灶,提高学习效率;还要注意改进学风和工作作风,学习时思维敏捷,注意力集中,记忆牢固,处事细微、周密、严格、果断,以减轻脑力负担,避免无谓的脑力消耗。

(四)课外学习的指导

1. 课外学习是学生成才的重要条件

现代科学技术的发展,要求各种人才不但要有广博专深的知识,而且要具备敏锐的观察力、灵活的思维能力、严谨的治学态度、顽强的探索精神、坚韧的毅力和实际操作能力,这些素质的培养,单靠课堂教学是远远不能胜任的。因此,许多教育家和学校都极其重视学生课外学习。苏联教育家苏霍姆林斯基曾明确提出,学校要做到如下几点:

第一,让每个学生都有一些特别喜爱的学科。
第二,让每一个学生都有一样入迷的制作活动。
第三,让每一个学生都有自己最爱阅读的书籍。

2. 为孩子提供探究的机会

孩子聪明才智的发挥,既有赖于知识和积累,还有赖于创新能力的培养、训练。家长如何为孩子提供探究的机会,培养、训练其创新能力?有些研究者提出的"设想提示十二法":

(1)加一加。铅笔加上橡皮就成了橡皮头铅笔。
(2)减一减。如弹力袜的袜跟"减"去就成了无跟袜。

（3）扩一扩。教师上课用的大算盘就是学生小算盘的扩大。

（4）缩一缩。如将收音机、词典缩小就成了袖珍收音机和袖珍词典。

（5）变一变。改变事物的颜色、气味、形状、次序、音响等。

（6）改一改。找出事物的缺点，设法进行改正。

（7）联一联。把某些东西联系起来进行考虑，如把"水"和"枪"联系起来，发明"水枪"。

（8）学一学。通过模仿某种事物来发明新东西。

（9）代一代。以某种东西代替另一种东西。

（10）搬一搬。如将电视机天线拉杆搬到铅笔上，成了伸缩教棒。

（11）反一反。把一个东西的正反、上下、里外、左右、前后颠倒一下，可产生新的结果。

（12）定一定。通过对某一事物进行规定下达到某种效果，如交通信号红绿灯的规定。

第三节　学习不良儿童的教育对策

一、学业不良的界定

学业即学习的功课和作业。学业不良，一般是指那些智力正常学生，由于主客观原因而在学校的学习中有严重困难、达不到教学要求，以至于成绩明显低于其能力应达到的水平，或明显低于平均水平。具体地说，在某门或某几门课程的学习中有一些能力或技能上的缺陷，这些特殊缺陷并非由于生理或身体上的原发性缺陷（如盲、聋、哑、身体残疾或视力问题等），也不是由于情绪障碍、教育和环境剥夺所造成的。这些学生要达到一般学习水平或达到课程标准所要求的水平，需要额外的督促与辅导，有的甚至需要特殊的教育与帮助，需要比其他学生花更多的时间和精力。

有关研究结果表明，学业不良学生的主要特征：记忆缺陷、注意缺陷、思维缺陷、认知缺陷、创造力缺陷、非智力因素缺陷、社会情感问题、学科学习困难、智力水平。

学生的学业不良，成绩长期处于落后状态，不但严重影响其智力发展,而且有可能导致性格变异和行为失范。因此,对学业不良学生的教育,一直是家长和教师共同关注的问题。

二、农村儿童学业不良的问题

(1)农村家长的学历普遍维持在中小学水平,属于低学历群体。他们接受的教育较少且缺乏系统性,文化底蕴不高,从科学知识方面对自己的有效教导极少。

(2)农村家长与孩子的思想交流十分匮乏,缺少对孩子正确积极的教导。父母想要做好孩子的教育工作,对孩子进行充分的了解是前提。通过交流的方式可以了解孩子的心声,这是实施良好家庭教育的重要基础。

(3)由于父母外出务工的现象十分普遍,孩子多是隔代的家庭教育方式。爷爷奶奶、外公外婆的呵护备至造成孩童溺爱过度,同时思想上却无法同步。

三、农村家庭教育中促进学习成绩提升的对策

(一)家庭层面教育

1. 创造良好的家庭环境

从我们生活的经验中我们可以了解到环境对我们的影响,一个好的学习环境带给我们的是一次愉悦的学习过程,好的环境造就好的氛围从而可以达到专注地学习,而好的学习态度激励着孩子的身心健康成长。家庭是一个温暖的环境,让人充满力量和温暖,温馨的家庭环境可以让促进孩子的身心健康成长,积极学习表现自己,同时也是孩子的避风港,孩子会在环境中找到自己的声音,一个整天充满矛盾和争吵的家庭,会使得孩子没有安全感,会让孩子找不到依靠,变得沉默、焦虑,不善于交流。因此,父母为了孩子的健康成长要给孩子营造一个和谐的家庭环境,夫妻之间相互理解,即使有矛盾也不在孩子面前表现,孩子的内心是脆弱的,要学着相互理解,这就需要父母和孩子多沟通,多观察

第四章 新时期农村家庭的儿童智力开发

孩子的心理活动,多与孩子互动,增加信赖度,这样与孩子在成长的道路上风雨同舟。无论家里有没有条件,都要给孩子一个好的学习氛围。

2. 树立正确的家庭教育思想

随着国内经济的发展,家庭教育需与时俱进。不同的家庭教育对孩子的影响也不同,如果掌握不好,那么会对孩子的发展带来不利影响,所以家长需要对教育观念引起重视。家长在重视家庭教育、强化自身意识和责任感的同时也要不断地学习家庭教育的相关知识,以便于为家庭教育创造更好的契机与条件。给孩子树立科学的教育思想,正确培养孩子的人生观、世界观和价值观。

3. 合理奖励和惩罚

奖励和惩罚是家长教育孩子的一种重要的方法,是激励孩子不断学习与进步的一种手段。家长要明确奖惩的范围,以表扬奖励为主,批评惩罚为辅。奖惩不宜过多,过滥。奖励惩罚,要让孩子有相应的"感觉"。

4. 以身作则,为孩子树立良好的学习榜样

榜样的力量是无穷的,对于孩子来讲,这一点尤其重要。家庭是温暖的象征,需要父母各司其职,通过父母的言传身教使得孩子能谋善干、自立自信。孩子的心中需要一个榜样让孩子人生态度有一个正确的开始。孩子最先信赖的对象是父母,这就需要父母有一个树立榜样的态度。

5. 认识教育的重要性

父母对子女的教育投入不仅仅是将孩子送到补课班或其他方面的资金投入,更要重视对孩子的时间投入和情感投入,父母的情感投入能够显著提高孩子的学习成绩。

(二)学校和社会层面建议

第一,加强教师队伍建设是学校一项非常重要的工作,必须常抓不懈。加强教师师德师风建设,提高班主任和代课教师与在校学生的及时沟通和交流,切实关注学生的学习和成长。

第二,学校老师应让学生获得成功的体验,增强自信心。学校是学

生获得知识的主体,也是大多数学生进行学习和生活时间最多的地方。因此,学校虽然不是农村家庭教育的主体,但在家长和学生之间却有着重要的纽带作用。成功体验是指人们由于创造出某些成果而受到了表扬、奖励或在矛盾中战胜自己,最终在现实中让自己达到愉悦的心情。成功体验所带来的心理效应则是增加自信心。

第三,在舆论上努力宣传和培养留守子女自立、自强、自尊、自爱的品格和意识,才能使留守儿童真正不受父母外出的影响,健康快乐地成长和学习。

总之,随着社会经济的不断发展,有效紧密地结合学校、家庭、社会等各方面教育因素是加强学生素质教育的必要措施,同时也是发挥教育整体功能、培养新一代社会主义事业新型人才的具体表现。教育是一个有机整体,二者不可分割、紧密联系、相互协调、缺一不可。为让教育能发挥更大的作用,首先要充分发挥以家庭教育为基础教育的作用,然后学校教育与社会教育紧跟其上、紧密结合。

第五章 新时期农村家庭的儿童身体健康

家庭教育是培养儿童健康生活习惯的重要途径。各家庭成员的体育价值观能够相互影响,良好的体育价值观能有效促进各家庭成员的体质发展。各家庭不应该把生活重心仅放在家庭收入支出、子女教育、工作待遇等方面,这样会使各家庭成员的体力劳动、体育锻炼时间明显减少,以至于体质健康不能得到很好的促进,怕苦、怕累的思想蔓延,缺乏通过持之以恒的刻苦锻炼养成健康体魄的意志品质。因此,家长应该增强健康生活的意识,为儿童起到示范作用。首先,家长应该学习维持健康生活的相关知识,合理地规划家庭生活,使全家养成健康的饮食习惯和作息习惯;其次,家长在重视儿童学习成绩的同时也应该重视儿童的体质健康状况,家长以身作则,带领儿童进行体育锻炼;最后,家长应该培养儿童自觉进行体育活动的意识,引导儿童制订时间规划,预留出专门的时间进行体育锻炼,使儿童养成终身锻炼的习惯。

第一节 儿童体育与健康

一、体育与健康

(一)体育

概念都有其产生、发展与演变的历史,"体育"的概念也不例外。在我国古代典籍中,"体育"一词是不存在的。但是,我国古代形成了丰富的身体锻炼和保健教育方面的内容,只是由于地理环境、历史传统等方面的原因,还未产生一个概念来概括这些内容。19世纪末,"体操"传入我国,此时,我国开始用"体操"来概括身体锻炼和保健教育方面的内容。清政府颁布的《学堂章程》中,就明确规定各级各类学堂都把"体操课"(即现在的体育课)列为必修课。

进入20世纪后,"体育"一词传入我国。在很长的一段时期内,"体操"和"体育"两词在我国是通用的。不过,此时的"体育"一词主要指的是身体教育,是学校的一门课程,是学校教育的组成部分。在中华人民共和国成立后,随着我国体育事业的不断发展,"体育"一词不再局限于教育范畴,所指范围不断扩大,成为包括竞技运动和体育锻炼在内的一个总的体育概念体系。

具体来看,体育就是以身体练习为基本手段,以增强体质,促进人的全面发展,提高运动技术水平,丰富社会文化生活,加强精神文明建设而进行的一种有意识、有目的的身体活动和社会活动。体育不仅会受到社会政治经济的影响,而且在一定程度上会受社会文化教育的制约。此外,体育能够对社会发展产生积极的作用,如促进社会生产力的发展、推动社会精神文明建设等。

(二)健康

1. 健康的概念

俗话说"幸福首先在于健康",可见健康对于一个人有着非常重要的作用。"健康"一词通常是指个体没有疾病,各项机能处于正常的运行状态。日常生活中,人们常常把个体没有受到疾病的困扰,生活质量较高视为健康。《辞海》中对健康的定义如下:"人体发育状态良好、体格健壮、各器官系统无不良状况,个体精神状态佳并能够维持良好的劳动效能。一般情况下,个体的健康状况可以通过体格检查和多种不同类型的生理指标衡量。"这一概念的提出虽然较日常使用的"健康"有了更为丰富的内涵,但是仅把人看作生物有机体,而没有把人看作社会人。常见的与健康有关的标准包括以下几点,如表5-1所示。

第五章 新时期农村家庭的儿童身体健康

表 5-1 常见的与健康有关的标准

序号	标准
1	身高、体重等身体指标处于该年龄段发育的正常范围
2	体温、脉搏、呼吸等正常
3	有一定的抵抗能力,不易被感染各种流行性疾病
4	皮肤、头发有光泽,眼睛明亮
5	性格开朗活泼,没有心理疾病和心理功能性障碍
6	生活作息规律,排便正常有规律等
7	精力充沛,生活态度积极,乐于承担责任,事无大小,尽职尽责

这几条标准较为详细地解释了"健康"这一概念,不仅从体格健康方面提出了诸如身高、体重、皮肤、眼睛的具体健康状态,而且强调保持积极乐观的态度和对外界环境变化(自然环境和社会环境)的较强的应变能力。

2. 健康新观念

随着社会的进步和发展,健康的含义不再是传统意义上的没有疾病,而是出现了健康新观念。世界卫生组织(WHO)提出了现代健康观,即健康指一个人生理、心理、社会上的完好状态。其中,好的社会适应性取决于良好的生理和心理素质。心理是一个人的精神支柱,身体是一个人的物质基础。消极低沉的情绪状态可以使人的身体状况下降,从而引发各种疾病,而积极乐观的情绪状态则可缓解或消除某些疾病,使生理功能处于最佳状态。身体状况的改变反过来又会影响一个人的心理状态,当一个人的身体上有某种缺陷,人往往会变得烦躁、抑郁、焦虑不安。因此,要想成为一个健康的人,需要关注自身的生理、心理和社会适应性三个方面的情况。

(1)健康新观念的基本内涵

近年来,我国开始重视个体的心理状况和社会适应力对健康的影响。健康被重新定义为个体在身体、精神、社会等各个方面具备的良好状态,不仅涉及"无病即健康"的基本要求,更强调个体的心理健康、社会健康、道德健康等。

世界卫生组织(WHO)对健康这一概念进行了深化,认为健康包括身体健康、心理健康、道德健康、良好的社会适应力等多个方面内容,如

表 5-2。

表 5-2 世界卫生组织（WHO）对健康的界定

健康类别	内容
身体健康	躯体结构和功能正常，能够做到生活自理
心理健康	个体能够正确认识和看待自己，有较高的自尊，能够适应外界环境的变化，及时调整自己的心态
道德健康	能够遵守社会规范，拥有良好的个人品德和思想情操
良好的社会适应力	能够以积极的态度应对生活中的诸多变化

综上所述，真正的健康能够保证一个人的身心状态处于最佳状态，确保个体享受高质量的生活。

世卫组织为了使人们更好地掌握自身健康情况，提出了易于理解的"五快三良好"的新标准。

① "五快"生理健康标准。"五快"标准分别指吃得快（说明一个人胃口好，内脏功能正常）、排得快（说明一个人的肠胃功能良好）、睡得快（说明一个人中枢神经系统功能协调）、说得快（说明一个人思维敏捷，反应良好，心肺功能正常）、走得快（说明一个人下肢运动状态良好，不受疾病和衰老的困扰）。

② "三良好"心理健康标准。"三良好"标准分别指良好的个性（指一个人性格温和，意志坚定，不过分沉溺于烦恼、忧伤、痛苦之中）、良好的处事能力（指一个人有能力根据事态的发展变化做出合适的反应，具备良好的自我控制力）、良好的人际关系（指一个人与人为善，不斤斤计较，助人为乐）。

介于健康与疾病之间的状态被称为"亚健康"，主要表现为生理功能低下。亚健康状态虽然没有明显的临床症状，但已有潜在的发病倾向。处于亚健康状态下的患者机体结构开始退化，心理处于失衡状态，他们通常容易疲劳，体质虚弱，失眠多梦，注意力难以集中，严重者甚至不能进行正常的工作和学习。很多因素会导致个体出现亚健康状态。例如，生活工作压力大，导致身心透支；不吃早饭、暴饮暴食，生活习惯不规律、不科学导致机体失调；环境污染和大量有害物质损害身体的正常机能等。第三状态尚属于一种不稳定状态，既可通过合理的调整趋于健康，也可逐渐恶化导致最终的疾病。因此，处于亚健康状态的人需要尽快调整自己的身心状况，克服不良的生活习惯，提高自身素质，争取早日成为健康的人。处于亚健康状态的人可以采取多种措施实现对自我的有效调控,以下的调控方法可供参考。

①学会合理安排时间,为休闲娱乐分配一定的时间。可以选择听音乐、看电影、旅游等方式为自己减压,只有做到劳逸结合、张弛有度,才能从高度的紧张状态中解脱出来,更好地投入接下来的学习和工作之中。

②保证充足的睡眠和有规律地作息,调整自己的生物钟。

③积极参加体育锻炼,制订合理的运动计划,选择自己感兴趣的运动项目,如骑车、体操等,通过较高强度的体育锻炼缓解紧张,增强自身体质。

④饮食注意以清淡为主,避免大量摄入高油脂、高热量食物。过量食用高油脂、高热量食物会堵塞动脉血管,损伤大脑功能,诱发多种疾病。一些已经进入慢性疾病状态的人应及时求助于中医,在中医的指导下,调整自己的饮食习惯,适当尝试一些调节人体免疫功能、强化体制的补药或保健食品。

⑤压力产生时,及时找人倾诉,进行心理调适与疏导,避免长期处于不健康的心理状态。

（2）身体健康

身体健康是个体开展各项活动的基础,人们通常可以根据自己的身体表现判断自己的身体健康状况。如查看自己的指甲颜色、尿液颜色、伤口修复情况、皮肤状态、睡眠状况等,若人体符合健康的特征通常被视为身体健康。更加详尽科学的身体质量测定可以通过体质测评实现。我国国民可将我国颁布的《国家体育锻炼标准》《国民体质测定标准》《中国体育法》等作为检测自己身体是否健康的依据。

（3）心理健康

美国著名学者马斯洛提出了10条心理健康评价标准(表5-3)。

表5-3 心理健康标准

序号	心理健康标准
1	有安全感
2	了解自身特点,明确自身所具备的能力
3	不脱离周围社会环境并能适当融入
4	自身的理想追求符合现实情况

续表

序号	心理健康标准
5	能够保障自我人格的完整与协调
6	有一定反思能力,能够从生活中汲取经验
7	有良好的同伴交往经验,人际交往能力
8	有调控自身情绪的能力
9	在不违背社会规范的前提下,能发挥自身个性
10	能在社会规范允许的范围内满足自身需求

我国学者根据各方面的成果,归纳出了和心理健康相关的几项指标:

①了解自我,接纳自我。一个心理健康的人能体验到自己的存在价值,既能了解自己,又能接受自己。[①] 相反,若一个人心理不健康,则总是对自己感到不满意,制订不切实际的目标与理想,想要做到十全十美却无奈于自己实力有限,于是过度地自责、自卑,心理状态长时间得不到平衡。

②接受他人,与人为善。一个心理健康的人不仅能接纳自我,也能接纳他人,发现别人身上的闪光点和存在的价值。

③热爱生活,积极投入学习和工作之中。一个心理健康的人在大多数时间十分珍惜和热爱生活,在人生之旅中充分探索,寻找乐趣。在学习和工作中,充分发挥自己的才能,从中获得满足感和自我效能感,并且随时随地积累各种信息和知识技能,丰富自身的工作经验,应对工作中出现的新挑战、新困难,让自己在工作和学习中变得越来越得心应手。

④勇于面对现实,接受现实,改善现实状况。一个心理健康的人能做到不逃避现实,对周围环境做出客观的评价,与现实环境保持接触,主动地适应环境,制订出符合实际状况和自身发展状况的目标,尽最大努力去改善现实状况。

⑤心态、心境状况良好,能够协调和控制自我情绪。一个心理健康的人大部分时间保持愉快、乐观、开朗的积极情绪状态,当遇到不顺心的事,能够适当控制和调节自身情绪,不会长期处于低落、抑郁等负面情绪之中。在社会交往中,能时常感到满足,保持乐观的态度。

---

① 刘星亮.体质健康概论[M].武汉:中国地质大学出版社,2010.

⑥人格结构完整统一。一个人的人格结构包括气质、能力、性格等,一个心理健康的人需要在动机、兴趣、信念、人生观等各方面平衡发展,使个体人格完整、和谐地表现出来。思考方式、待人接物不偏激,整个人格结构是一个统一的整体。

⑦智力正常。智力正常是一个人心理健康的重要标准,只有智力正常才能保证人的正常生活。智力包括一般智力和特殊智力,是各种能力(如言语能力、逻辑数学能力、自然能力等)的综合。低智力的人也称不上心理健康。

⑧心理状况和心理行为符合对应年龄阶段的具体特征。在人的毕生发展过程中,不同年龄阶段会对应不同的心理行为表现,形成独特的心理图式。如果一个人的心理行为严重偏离自己的年龄特征,通常会被视为是不健康的。我们可以依据上述标准自我审视和评估自己的心理健康状况,但是严格来讲,只有经过临床心理学家的测查与诊断才能得出相对科学、客观、准确的结论。心理异常的诊断与治疗会涉及心理异常原因的分析、机理、结构的确定、临床治疗方案的选择等多方面的内容,心理异常的实质是大脑结构或功能的失调,导致个人对外界事物反应的紊乱,反映了个体某种自我概念的异常和个人在社会生活上的适应性障碍。但是在人群中准确辨别出心理异常的个体并非易事。

(4)社会健康

人既是有着各种器官等身体组织的生物人,又是有着独特情感体验和个性的社会人。每个人都处在不同的人际关系网络中,在社会生活中扮演着各种各样的角色,如母亲、子女、学生等角色。个人与社会的适应情况充分表现在自己对他人、对所处团体、社会的态度上,表现在与他人进行的实际的交往活动之中。如果一个人在成长过程中,不管在哪所学校学习,在哪个单位工作都与他人相处不来,常常抱怨自己的生活工作环境,那么这个人的社会健康水平就不高,需要付出一定的努力改善自己的社会交往能力。社会健康又被称为社会适应,指个体与外界社会环境通过积极的互动与他人建立起了良好的人际关系,在社会中找到属于自己的合适的位置,适应和实现自身社会角色的能力。迄今为止,社会健康还没有客观科学的评价标准,但是有相对主观的评价方法。通常可以根据以下几方面内容对一个人具体的社会健康状况作出评价:

①能够平静地看待自己与他人的差异。

②与家庭内部成员和睦相处。

③有自己的朋友圈子,至少有一个朋友可以作为倾诉的对象。

④和他人共事时,能够根据实际情况接受他人合理的建议。

⑤当自己的意见与团体内其他成员的意见不一致时,能够暂时保留自己的不同意见,完成手头上的工作。

⑥乐于与人交往,主动构建起稳定、广泛的人际关系网络。

⑦在交往过程中,对他人进行客观评价,多发现和学习别人的长处,促进双方的共同进步。

人际关系状况(包括与家人、朋友的关系等)极大影响一个人的身心健康,人们需要掌握一定的人际交往技能,真诚地对待他人,在社会生活中找到归属感。也可以通过适当的体育锻炼促进人际交往,培养合作精神与竞争意识,逐步提升自身的社会健康状况。

3. 儿童睡眠与健康

睡眠是人类最基本的生理过程,对于儿童青少年体格生长、代谢功能、行为情绪及神经心理发育都至关重要。睡眠不足和睡眠紊乱会干扰机体正常的发育过程和功能的发挥,导致注意力缺陷、记忆力和理解力下降,长期睡眠不足,还会导致内分泌代谢紊乱、情绪不稳等,对儿童青少年的身心健康和学业发展均会造成损害。

儿童青少年常见睡眠问题如下:

(1)失眠

失眠是儿童青少年最常见的睡眠障碍,表现为尽管有充足的睡眠机会和环境,仍持续出现睡眠起始困难,睡眠时间减少,睡眠完整性破坏或睡眠质量下降,并引起相关的日间功能障碍。典型的日间症状包括疲劳,情绪低落或易激怒,周身不适和认知功能受损。失眠还可导致儿童青少年出现学习能力差,注意力不集中和行为问题,以及头痛、心悸等躯体症状。

儿童青少年为什么会失眠呢?对于低龄儿童,多与不恰当的睡眠关联和行为限制不足相关,大年龄儿童或青少年失眠的原因与成人类似。首先是环境因素,最常见的是睡眠环境的突然改变;其次是个体因素,不良的睡眠习惯和躯体疾病等也会影响睡眠;最后,精神心理因素是导致儿童青少年失眠的最重要因素。白天过激的情绪状态和害怕失眠都是失眠常见的原因,对睡眠问题的担忧可能在日间持续存在,并随着就寝时间的临近而加强,造成睡眠焦虑。

第五章 新时期农村家庭的儿童身体健康

由于环境因素改变和躯体因素而导致的失眠问题,常为一过性的,可随着睡眠环境的调整和良好睡眠习惯的养成而缓解。睡眠对于情绪的调控至关重要,不良的精神心理状态与异常的睡眠行为形成了恶性循环,并进一步危害儿童的身心健康。家长与老师应当充分了解儿童失眠的可能原因,对于怀疑存在精神疾病相关失眠的儿童,应当早期识别与诊断,并进行针对性的宣教、咨询或药物治疗。

(2)睡眠时相延迟障碍

睡眠需求随年龄的增加而减少的同时,睡眠的昼夜节律也随之发生变化,进入青春期后,一个最为典型的特征是睡眠时相延迟,睡眠时相延迟障碍通常在青春期起病,是青少年中较为常见的一类睡眠障碍,特别容易与失眠混淆。睡眠时相延迟障碍是一种昼夜节律紊乱,表现为个体倾向的睡眠——觉醒时间显著而持久的延迟,入睡时间和起床时间均较晚,同周围环境的要求相冲突,从而引起失眠的症状,严重的白天嗜睡以及学习和行为问题。

尽管引起这一障碍的原因还不是很清楚,但被认为与性激素水平和褪黑素周期的生理性变化密切相关。通常在青春期开始后,人体的生物钟会逐渐延后2小时,但睡眠时相延迟障碍的青少年将会延后更多时间。如果在儿童期上床时间就已较晚,那在青春期的生物钟变化会使上床时间变得更晚。这种生物钟的变化并不是孩子的故意行为,而是一种生理现象,但是很多青少年会因此而被认为不听话,或脾气坏。大约7%左右的青少年患有睡眠时相延迟综合征,所以这是一个较为普遍的问题。睡眠时相延迟障碍的治疗相对比较困难,需要得到患儿和家长的充分配合与支持,治疗的最终目标是把患儿的生物钟调整到正常的作息时间上来。首先,对于睡眠时相延迟障碍的孩子,良好的睡眠习惯显得尤为重要,包括每天规律的上床睡觉及起床时间,避免喝咖啡;卧室的环境应该安静、舒适、黑暗并且室温稍低些;入睡前的活动应该比较平和,不应该在睡觉前玩电脑游戏或看电视等。调整生物钟的方法通常有两种,即持续几天提前或推迟上床睡觉时间。如果目前上床睡觉的时间比目标时间晚2小时之内,可以采用提前睡觉时间的方法。每次提前15分钟,保持1~2个晚上,以此类推,直到提前到目标时间。对于目前上床睡觉时间比治疗目标时间晚3小时以上的,通常采用推迟睡觉时间的方法,每1~2个晚上推迟上床时间2~3小时。通常需要坚持几个月,生物钟才会相对稳定。光照疗法也是可以尝试的辅助方法之一,在早上让孩子有20～30分钟的时间接触到非常亮的光,而在晚上要尽量把光线调暗。调整生物节律开始时并不困难,困难的是维持这种已经调整好的节律。

(3)过度睡眠

夜间睡眠不足可能进一步引起白天嗜睡,但需要引起重视的是,过度睡眠也可能是精神心理问题的早期表现。近年来,儿童青少年中抑郁、焦虑、双向障碍等精神疾病呈现出令人担忧的上升趋势。与精神疾病相关的过度睡眠患儿可能出现过度的夜间睡眠、白天嗜睡以及过度小睡。患儿常常对自己的睡眠表示担忧、抱怨睡眠质量差且无法缓解疲乏。

还有一种特殊的睡眠疾病往往在青春期前后起病,表现为在上课、考试等安静环境中难以抗拒的睡眠"发作",睡着之前可能会出现"入睡幻觉",看到不存在的东西或者听到不该有的声音;也常出现意识清楚但身体动不了的"睡眠瘫痪"表现。严重的患者在大笑等剧烈的情绪波动中会腿软,甚至失去意识和跌倒。这就是睡眠罕见病之一——发作性睡病。

发作性睡病分为Ⅰ型与Ⅱ型,Ⅰ型患者往往伴有猝倒的表现。发作性睡病人群的睡眠结构是非常特别的,在临床的多次小睡试验中,医生会发现他们常常一入睡就进入与做梦、低肌张力有关的REM睡眠期,这也解释了入睡幻觉与睡眠瘫痪等的临床表现。目前,发作性睡病还是一类无法治愈的疾病,一旦发病,症状将持续终身。发作性睡病患儿并非"问题儿童",而是患有睡眠的疾病,应对其予以尊重,及时识别转介就诊;日常注意安全,避免警觉作业和意外受伤,提供定时小睡的条件。目前有不少药物可帮助部分患儿改善症状、提高生活质量并且预防危险发生。

那么,如何培养良好的睡眠习惯呢?除政策层面的群体干预外,其他利益相关者,从政府、社区、学校到家庭都应以儿童青少年为核心,共同努力营造促进儿童青少年睡眠健康的环境,鼓励青少年自觉养成健康的睡眠习惯。对于青少年可参考以下建议:

(1)合理安排作息,保持睡眠规律,固定上床和起床时间,平时和周末的上床时间差异不超过1小时。要意识到每个个体睡眠需求是有差异的,小学生每日睡眠时间推荐是9～12小时,中学生是8～10小时,满足个体化的睡眠需求。如果白天特别困倦,可以在午饭后睡30～45

分钟。

（2）每天要有一定的户外运动，户外阳光照射可以帮助调节生物钟，同时要保持适量的身体活动，如每天不少于1小时的中高强度的身体活动有助于提高睡眠质量。

（3）营造良好的睡眠环境，维持安静、黑暗、舒适的睡眠环境，特别注意避免在卧室或床上使用电子产品。对于入睡有困难的青少年，要把床作为只是用来睡觉的地方，不建议在床上看书等。

（4）建立入睡常规，每晚睡觉前30～60分钟避免剧烈的体力或脑力活动，入睡前也要避免屏幕暴露，屏幕可以直接影响褪黑素的分泌，同时屏幕相关的活动会引发大脑兴奋。因此应该以轻松、舒适的活动为主，如看书、听舒缓的音乐，帮助身体和大脑放松，为一夜好眠做好准备。

（5）如果入睡时间与晚饭时间相距比较远，睡前可以适当进食一些点心，避免饥饿状态入睡，当然也不要在睡眠1小时内吃过多食物，这也容易引发睡眠不安。

（6）青少年还是应该避免依赖含有咖啡因的食物，尤其是下午和晚上，应避免咖啡、茶、可乐，甚至巧克力等容易引发兴奋的食物。

二、儿童体育锻炼

（一）儿童体育锻炼的特点

相比体育教学、运动训练来说，儿童体育锻炼具有以下几个独特的特点：

1. 可选择性

儿童体育锻炼具有可选择性特点，这主要是通过以下几个方面表现出来的：

第一，儿童体育锻炼的目的具有可选择性，既可以是为了身体健康而进行体育锻炼，也可以是为了健美而进行体育锻炼，还可以是为了休闲娱乐而进行体育锻炼，等等。

第二，儿童体育锻炼的内容具有可选择性，既儿童可以依据自身的实际情况，选择自己喜欢或是适合自己的锻炼内容。

第三，儿童体育锻炼的方法具有可选择性，既可以采用游戏锻炼法，也可以采用比赛锻炼法，还可以采用循环锻炼法，等等。

第四，儿童体育锻炼的场地具有可选择性，既可以在室内也可以在户外，既可以在社区体育锻炼场所，也可以在专门的体育运动场所。

第五，儿童体育锻炼的时间具有可选择性，既可以在固定的时间进行体育锻炼，也可以在随机的空闲时间进行体育锻炼。

第六，儿童体育锻炼的运动负荷安排具有可选择性，即儿童可以根据自身的身体状况和运动水平等来安排适合自己的运动负荷。

2. 适宜性

儿童体育锻炼只有具备适宜性，才能长久地坚持下去。这里所说的儿童体育锻炼的适宜性，主要包括以下几方面的内容：

第一，儿童体育锻炼的内容、方法等要与儿童的身体条件和生活条件相符合。

第二，儿童体育锻炼应在适宜的环境条件和气候条件下进行。

第三，儿童体育锻炼应穿着合适、舒服的服装和鞋子，否则很容易出现运动损伤。

3. 习惯性

儿童体育锻炼要想取得良好的锻炼效果，必须自觉地、长期地坚持进行。也就是说，儿童应使体育锻炼成为自身的一种习惯，将其纳入自身生活的一部分，持之以恒地进行体育锻炼。

（二）儿童体育锻炼的作用

儿童体育锻炼对于儿童的健康发展具有多方面的积极意义：
一是儿童体育锻炼能够促进儿童的身心健康。
二是儿童体育锻炼能够提高儿童的社会适应能力。
三是儿童体育锻炼可以改善整个民族的体质，提高我国整体的健康水平，促进我国社会的进一步发展。

下面着重从儿童的身体健康、心理健康与社会适应能力三个层面来分析。

第五章　新时期农村家庭的儿童身体健康

1. 儿童体育锻炼促进儿童身体健康

在体育锻炼过程中,人体的生理机能会发生暂时性的变化,而且人体在经过多次体育锻炼后可以适应这一变化。人体一旦适应了这一变化,其机体形态和机能也会产生相应的良性变化,继而使自身的健康水平不断提升。也就是说,体育锻炼能够促进个体的身体健康,具体表现在以下几个方面,如图 5-1 所示。

体育锻炼对人的身体健康的影响
- 儿童体育锻炼能促进儿童脑功能的完善
- 儿童体育锻炼能促进儿童感觉器官健全发展
- 儿童体育锻炼能促进儿童心血管系统健康
- 儿童体育锻炼能促进儿童呼吸系统健康
- 儿童体育锻炼能提高儿童运动系统供能

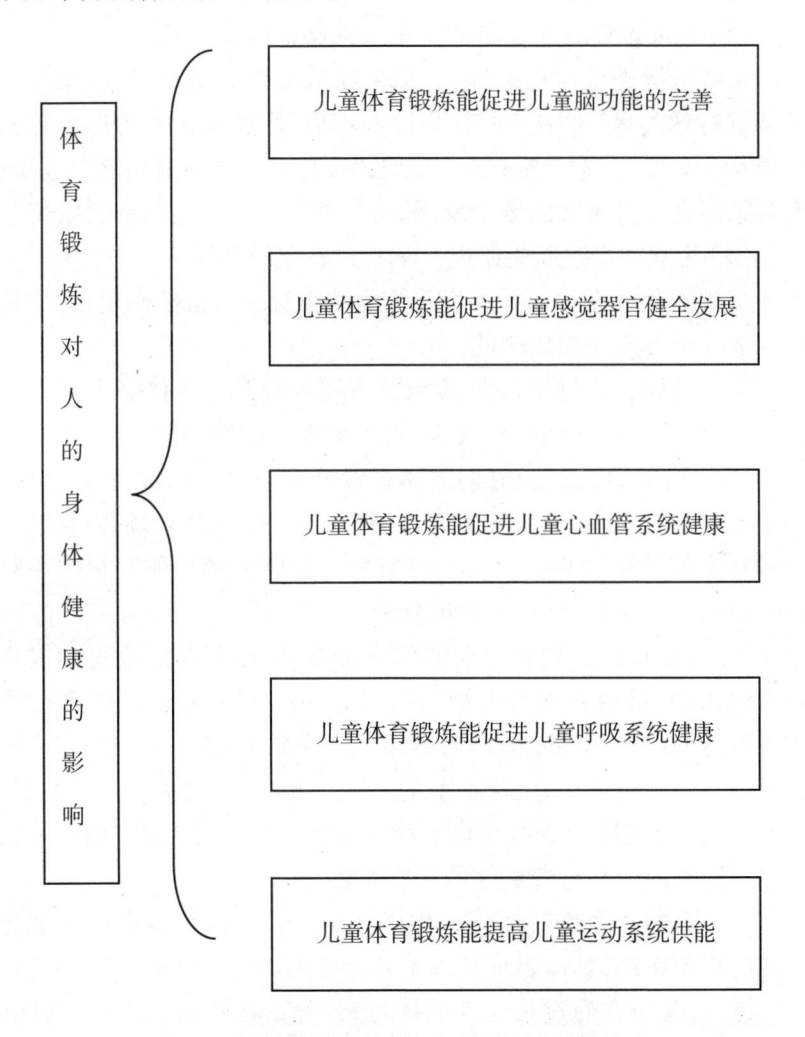

图 5-1　体育锻炼对人的身体健康的影响

（1）儿童体育锻炼能促进儿童脑功能的完善

科技的发展使得儿童脑力劳动不断增多，而儿童在用脑过度的情况下，很可能出现记忆力减退甚至出现神经症，对儿童身体健康造成不利影响。要避免这种情况，必须要对用脑过度的情况进行及时调节。科学研究表明，儿童体育锻炼对大脑中枢神经系统有良好的刺激作用，可以改善大脑的供氧状况，消除大脑疲劳，提高大脑的工作能力。从这一角度来说，儿童要完善自己的脑功能，必须重视参与体育锻炼。

（2）儿童体育锻炼能促进儿童感觉器官健全发展

儿童坚持进行体育锻炼，其感觉器官会得到健全发展。比如，儿童经常进行球类运动，则其视野会得到扩展，眼肌的抗疲劳能力也会有所增强等。又如，儿童经常进行体操锻炼，可以提高前庭功能。基于此，儿童要想促进自身感官的健全发展，必须持之以恒地进行体育锻炼。

（3）儿童体育锻炼能促进儿童心血管系统健康

儿童体育锻炼对于心血管系统的健康有着积极的作用，这主要是通过以下几个方面表现出来的：

①儿童体育锻炼对心脏的积极作用。心脏是人体必不可少的一个器官，而个体通过开展体育锻炼，可以增强心脏的功能。

第一，儿童在经过长时期的体育锻炼后，心脏会因心肌纤维增粗、心肌中毛细血管增多、心肌细胞中收缩蛋白和肌红蛋白增加而呈现出运动员所特有的健康性心脏肥大。健康性心脏肥大能够使儿童的心脏进行长时间的有力收缩，维持生命的代谢。

第二，儿童在经过长时期的体育锻炼后，心脏功能会得到提高。一般来说，人安静时心脏每搏输出量只有 50～70ml，而经常进行体育锻炼者可达 90～120ml；安静时普通人心率约为 65～75 次/分，经常锻炼者为 45～60 次/分，优秀长跑或滑雪运动员仅为 35～45 次/分。这些都表明，相比不参加或是不经常进行体育锻炼的人们来说，经常进行体育锻炼的人们有着更好的心脏功能。

②儿童体育锻炼对血管的积极作用。儿童体育锻炼对于血管也有一定的积极作用，具体表现在以下几个方面：

第一，儿童在经过长时期的体育锻炼后，血管壁会增厚，弹性增加，管径增大，而这对于维护血压的正常具有重要作用。

第二，儿童长期进行体育锻炼，能够在一定程度上预防和治疗高血压、动脉硬化等疾病。患有高血压、动脉硬化的患者，通常缺乏体育锻炼,从而导致体内胆固醇和脂类物质增多,并沉积在血管壁上。长此以往,必然会产生高血压、动脉硬化等疾病。

③体育锻炼对血液的积极作用

红细胞是行使血液运输功能的主要细胞,它能把人体生物氧化所需要的氧气运送到组织,同时把组织代谢所排出的二氧化碳运送到肺部,然后排出体外。红细胞这种重要的生理功能是靠红细胞内所含的血红蛋白来完成的。而体育锻炼能使人的红细胞和血红蛋白明显增加,继而提高人体的载氧能力和缓冲酸性物质的能力。如此一来,人们不论是参加劳动还是参与体育运动,都会更加轻松且持续更长的时间。

(4)儿童体育锻炼能促进儿童呼吸系统健康

在机体的生理活动中,呼吸是极为重要的一个。呼吸能够供给机体各组织所需要的氧气,并排除人体呼吸系统的代谢产物,从而维持机体正常生命活动。儿童若是缺乏体育锻炼,呼吸肌会变得十分软弱,胸廓的活动范围也会随之缩小,自然在工作和运动过程中很容易感到疲劳。儿童若是经常参与体育锻炼,则呼吸肌会逐渐增强,胸廓的活动范围会随之扩大,潜在换气能力也会进一步增大。此外,经常参与体育锻炼的儿童能够掌握最有效的呼吸方式,故不易在工作和运动中发生气喘与呼吸困难。因此,儿童要想拥有健康的呼吸系统,必须要积极参与体育锻炼。

(5)儿童体育锻炼能提高儿童运动系统供能

运动系统主要是由三部分构成的,即骨关节和肌肉。运动系统不仅会影响儿童的健康状况,也会影响儿童的活动能力与运动能力。儿童通过参与体育锻炼,可以有效提升自身的运动系统,具体表现在以下几个方面:

第一,儿童坚持进行体育锻炼,骨密质会增厚,骨头变粗,骨的抗折、抗弯、抗扭曲等性能也会大大提高。如此一来,个体发生骨折的概率便会降低。

第二,儿童坚持进行体育锻炼,肌肉会更加发达,肌力也会逐渐增大。如此一来,儿童的力量会随之加强。

第三,儿童坚持进行体育锻炼,可使肌肉的能量供应更加充足。如此一来,肌肉工作便能更加有力和持久。

第四,儿童坚持进行体育锻炼,可提高关节的稳固性和灵活性,也可以增强关节的负荷承受能力。如此一来,儿童不仅能够参与大幅度的体育运动,而且能够预防和减少在运动中出现关节扭伤。

2. 儿童体育锻炼能够促进儿童心理健康

儿童在进行体育锻炼时,心理因素也发挥着重要的作用。同时,儿童的体育锻炼与儿童的心理素质之间存在着相互促进的关系。心理素质不仅会影响儿童参与体育锻炼的态度,而且会影响儿童进行体育锻炼的效果。反之,儿童通过参与体育锻炼,其心理素质会得到有效提高,心理健康水平也会得到提升。

(1)学生心理健康的影响因素

儿童的心理健康会受到多方面因素的影响,其中较为重要的有以下几个:

第一,遗传因素。遗传因素会影响个体的性格、气质和能力等,而这些又会影响个体的心理健康状况。由此可以得出,遗传因素会影响个体的心理健康状况。

第二,生理结构。当一个人的生理结构受到一定程度的损害时,其心理也会存在不同程度的异常情况。比如,一个人存在甲状腺机能紊乱的现象,可能导致其心理异常。又如,一个人在神经系统受到损害后,可能导致器质性心理障碍,影响其心理的健康发展。

第三,家庭环境与早期教育。家庭中父母的关系、父母与孩子的关系以及父母对孩子的教育情况等,都会影响孩子的心理状况。当父母关系、亲子关系良好时,孩子会感受到很多的爱与尊重,心理自然也会得到健康发展。

第四,生活事件。儿童在生活中所遭遇的一些事件,也会影响其心理健康状况。比如,当儿童面临升学考试的压力时,心理会变得十分脆弱,甚至会做出一些极端行为。要避免这一情况,就需要儿童进行有效的心理调节。

第五,都市文化。当前,城市化进程不断加快,与其相伴随的问题也日益突出,如住房困难、人与人的关系日益冷漠等。在这种情况下,儿童容易产生恐惧、焦虑、寂寞等不良情绪,影响其心理的健康发展。

(2)儿童体育锻炼能够促进儿童心理健康水平的提高

儿童体育锻炼能够促进儿童的心理健康,这主要是通过以下几个方面实现的:

第一,儿童体育锻炼能够促进儿童智力的发展。一个人要想获得健康的心理并实现心理的健康发展,一个重要的基础条件是拥有正常的智力。一个人要想拥有正常的智力,一个重要的途径是积极参与体育锻炼。这是因为,儿童在参与体育锻炼的过程中,注意力、记忆力、反应力、思维力、想象力等都能得到有效提高,同时还可以形成积极的情绪和健康的心理。总之,人的智力能够在体育锻炼中得到发展。

第二,儿童体育锻炼能够帮助儿童形成良好的意志品质。一个人的意志品质,会对其身心发展产生重要的影响。拥有良好意志品质的儿童,敢于拼搏、勇往直前,而且不怕困难。儿童体育锻炼对于培养儿童良好的意志品质具有积极的作用。从这一角度来说,儿童体育锻炼能够帮助儿童形成良好的意志品质。

第三,儿童体育锻炼有助于儿童获得良好的情感体验。在对儿童体育锻炼对儿童心理健康的影响进行衡量时,儿童的情绪状态是一个重要的衡量指标。儿童由于心理发展不够成熟,很容易出现较大的情绪波动。有研究表明,在儿童出现较大的情绪波动时,进行一定量的运动可以使情绪逐渐稳定下来,还可以产生积极的情绪。如此一来,儿童便能在体育锻炼中获得良好的情感体验,继而更好地进行学习活动。

第四,儿童体育锻炼有助于儿童形成良好的自我概念。儿童是否具有良好的自我概念,对其身心健康发展也有重要影响。这里所说的自我概念,就是儿童对自身进行的主观评价,涉及多方面的内容,有"我是谁""我喜欢什么""我想要做什么"等。儿童在参与体育锻炼的过程中,可以对自身的身体表象和心理有更为深刻的认知,还会形成高度的自尊。一个人在形成了良好的身体表象和自尊之后,自然能够产生积极的情绪状态。

第五,儿童体育锻炼有助于儿童形成健全的心理。健康的心理与健康的身体有着密不可分的关系。一个人若是没有健康的心理,其身体健康状况也会受到一定的影响。反之,一个人的身体健康状况也会影响其心理健康状况。由于儿童体育锻炼有助于儿童形成健康的身体状况,因而其自然也能够促进儿童形成健康的心理。研究表明,儿童长期坚持用力地运动,可降低患忧郁症的危险。因此,儿童必须以自己的身心特点为依据,选择适合自己的体育锻炼方法,以形成健康的身体和健康的心理。

3. 儿童体育锻炼与社会适应能力的提高

当前社会环境是不断变化的,社会生活也瞬息万变。面对这一现实,儿童必须重视提高自己的社会适应能力。儿童体育锻炼对于儿童社会适应能力的提高具有积极的作用,具体体现在以下几个方面:

(1) 儿童体育锻炼有助于儿童形成与社会需要相适应的价值观

儿童体育锻炼有助于儿童形成与社会需要相适应的价值观,这主要是通过以下两个方面来实现的:

①儿童体育锻炼有助于儿童形成适应社会需要的个性。在儿童个性的形成过程中,体育锻炼发挥着重要的作用,具体表现在以下两个方面:

第一,儿童体育锻炼对儿童的个性形成具有调整功能。儿童体育锻炼需要有体力、智力、情感和行为的参与,要求儿童有较高的体能和技能的投入。同时,儿童在进行体育锻炼的过程中有机会发现自己的个性优势与不足,继而进一步发扬个性优势,克服个性方面上的不足。从这一角度来说,儿童体育锻炼有助于调整儿童的个性。

第二,儿童体育锻炼对儿童的个性形成具有约束作用。儿童的体育锻炼主要是以集体的形式进行的,这就要求儿童在体育锻炼过程中接受团队活动的监督、约束与限制。

②儿童体育锻炼有助于儿童形成积极向上的个性。儿童在参与体育锻炼时,必须要有积极主动、顽强拼搏、坚持不懈等良好的意志品质,否则无法实现体育锻炼的目的。因此,儿童通过参加体育锻炼可以形成良好的意志品质,继而形成积极向上的性格。

③儿童体育锻炼可以培养学生丰富的情感。儿童在参与体育锻炼的过程中,可以获得多种情感体验,满足自己多元化的情感需求。比如,儿童在参与竞技体育的过程中,可以感受到成功的喜悦,还会体验到失败的痛苦;可以获得荣誉,也会体验到失败;可以感受到竞争的魅力,也可以体会到退让的重要性等。又如,儿童在参与集体运动的过程中,可以认识到团队合作的重要性,并能够培养良好的团队合作能力;儿童在参与家庭体育的过程中,可以感受到家庭的和睦与欢乐气氛等。

④儿童体育锻炼有助于儿童学会胜任社会角色。社会中存在很多的角色,而且每一个角色在权利、义务和行为规范等方面是有一定特殊性的。在由体育而结成的社会关系中,每一个社会角色也有其特定的权

利、义务和行为规范。只有遵守这些特殊的角色规定,儿童才能更好地在社会中生存与发展。此外,在社会组织中,某一成员要想被群体认可,首先自身要有良好的能力,能够被他人所依赖。若其社会地位不被认可,则其无法在社会群体中立足。从这一角度来说,儿童在参与体育锻炼的过程中,能够对社会角色进行学习,还可以尝试某一社会角色。在这一过程中,儿童可以更深入地理解社会角色,以及学会如何更好地胜任社会角色。

(2)儿童体育锻炼有助于培养儿童的竞争协作意识和能力

①儿童体育锻炼对竞争意识的影响。在体育运动的发展过程中,竞争是一个重要的推动因素。体育竞争不断地接近和突破运动极限,使儿童在不停息的奋斗中获得成就感。在体育竞争中没有不劳而获的结果,不允许有身心以外的任何不平等性,所以体育活动可以使儿童在比赛中建立竞争意识,锻炼人们享受公平与成功或承受奋斗与挫折的能力。

②儿童体育锻炼对协作意识和能力的影响。对于儿童来说,形成良好的体育意识是很有必要的。在体育意识的构成中,协作意识是一个重要的组成部分。协作即协同配合、齐心协力。儿童的体育运动和体育锻炼有着鲜明的集体性特点,对于培养儿童的协作意识和团队合作精神具有积极的作用。

第二节　家庭中的体育与健康

一、家庭科学运动锻炼的原则

(一)明确目的原则

参加家庭体育锻炼,首先要明确自己的锻炼目的,追求健康当然是最根本的目的,但具体追求哪方面的健康,要重点发展哪方面的素质,或要达到什么具体的目标,这些问题都必须弄清楚。如果笼统地说为了健康,那么几乎所有健身计划都适合。目标明确才能在锻炼过程中做到有的放矢。

（二）量力而行原则

家庭运动锻炼讲究量力而行，儿童应该在自己所能承受的负荷范围内进行锻炼，宁可负荷偏小也不能运动过度。负荷偏小只不过是锻炼收益较小，而如果超负荷锻炼，那么将会影响健康，因此在健身中要把握一个"度"的问题。

（三）持之以恒原则

在家庭运动锻炼中遵循持之以恒原则是由机体本身的适应规律决定的，只有不断让身体承受一定的外在刺激，才能不断获益。如果不能长久坚持，那么已经获得的好处也会逐渐消失。

（四）灵活多样原则

家庭运动锻炼中要求常换常新、灵活多样，如果长久采取同一种锻炼方法，就不利于调动积极性，还不利于提高机体的适应能力。要改变机体适应的状态才能获得良好的健身效果，所以采取灵活多样的锻炼方法是有必要的。[1]

二、家庭科学运动锻炼的方法

（一）重复练习法

重复练习法是在相对固定条件下，按照一定要求反复做同一练习的方法。这种方法主要适合负荷较小或用时较短的项目及动作技术比较复杂或者运动负荷较大、难以一次完成的练习。重复练习过程中，每组或每次练习都安排适宜的休息时间，每次（每组）练习的时间、强度、间歇时间和练习总次数相对固定。

---

[1] 徐勇灵,高雪峰.科学运动与体质健康促进指导手册[M].广州:广东高等教育出版社,2016.

（二）间歇练习法

间歇练习法是在两次练习之间规定休息时间,在机体尚未完全恢复的情况下进行下一次练习的方法。儿童可从个人实际情况出发而决定间歇时间的长短。水平低者,间歇时间长;反之,间歇时间短。利用间歇时间做积极性的休息和放松,以加快氧气供应。[①]

（三）组合练习法

组合练习法指的是将两种或两种以上性质有差异的练习组合起来循环性地依次练习的方法,因而也被称作"循环练习法"。示例如图5-2所示。

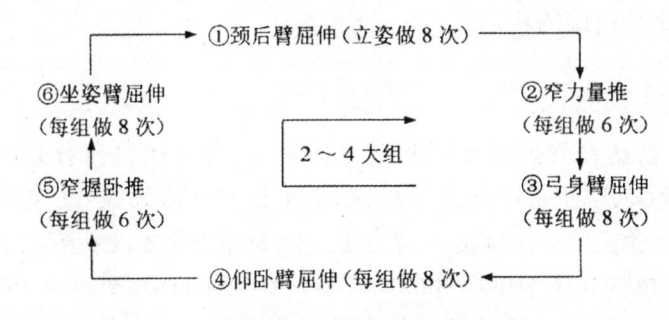

```
      ┌──→ ①颈后臂屈伸（立姿做 8 次）──┐
      │                                  ↓
⑥坐姿臂屈伸                          ②窄力量推
（每组做 8 次）                       （每组做 6 次）
      ↑            ┌──────→┐              ↓
⑤窄握卧推          │2～4 大组│          ③弓身臂屈伸
（每组做 6 次）    └────────┘          （每组做 8 次）
      ↑                                   ↓
      └──── ④仰卧臂屈伸（每组做 8 次）←──┘
```

发达上臂伸肌（肱三头肌）的循环练习

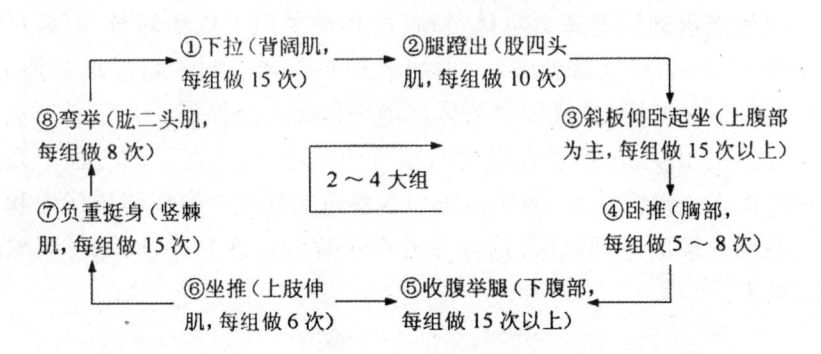

```
      ┌──→ ①下拉（背阔肌,──→ ②腿蹬出（股四头
      │        每组做 15 次）      肌,每组做 10 次）
      │                                       │
⑧弯举（肱二头肌,                               ↓
  每组做 8 次）                            ③斜板仰卧起坐（上腹部
      ↑          ┌──────→┐              为主,每组做 15 次以上）
      │          │2～4 大组│                    │
⑦负重挺身（竖棘  └────────┘                    ↓
  肌,每组做 15 次）                         ④卧推（胸部,
      ↑                                      每组做 5～8 次）
      │                                       │
      └── ⑥坐推（上肢伸 ←── ⑤收腹举腿（下腹部,
           肌,每组做 6 次）    每组做 15 次以上）
```

图 5-2 组合练习示例

组合练习方法包含流水式的组合练习、分组轮换式的组合练习两种

---

① 刘胜,张先松,贾鹏.健身原理与方法[M].武汉:中国地质大学出版社,2010.

运用形式。不管采用哪种形式，都能弥补单一练习的片面性、枯燥性，各种练习内容在健身功效上相互补充与促进，从而促进身体全面健康。

三、儿童体育运动锻炼的误区与正确认识

（一）运动强度越大，锻炼效果越明显

1. 认识误区

经常运动对生长发育、血液循环、呼吸机能、消化系统、神经系统、运动体能等身体机能和身体素质的发展都有重要作用，所以有些儿童平时喜欢参与大强度运动，不顾自己的运动能力和接受能力而盲目增加运动量，每次都锻炼到没有力气才肯罢休，认为这样才能取得更好的锻炼效果，其实这是错误的认识。

2. 指点迷津

我们承认运动强度直接影响锻炼效果，二者之间存在着必然的联系，但如果运动强度超过身体负荷，那么不仅对健康无益，还会损害身体，甚至有生命危险。人体需要置身于一定的环境中才能新陈代谢。这里的环境既包括人体细胞所处的内环境，也包括机体所处的外环境，人要生存，身体机能系统就必须在稳定的内环境中完成工作，这是根本条件。而如果运动强度超出身体负荷，内环境受到干扰和刺激，不再具有稳定性，生理平衡也遭到破坏，再加上身心受到的刺激超过承受能力，而自我更新速度慢，最终导致机体环境失衡而引起损伤。儿童必须从自身身体情况出发，选择适宜强度的项目和锻炼方法，在运动过程中充分调动身体各个组织系统，使机体组织在稳定的环境中完成物质代谢和发生一系列积极的生理反应，这样才有助于疲劳的恢复，从而取得理想的锻炼效果。

(二)运动后"急刹车",体能可以快速恢复

1. 认识误区

有的儿童完成剧烈的运动后习惯马上停下来休息,也就是运动后"急刹车",如完成长跑运动后感到四肢无力,头晕目眩,身体疲乏,所以立刻坐下来休息,希望尽快恢复体能,其实这并不利于体能的快速恢复。

2. 指点迷津

剧烈运动后"急刹车"的做法没有科学性,会危害身体健康。当我们处于运动状态中时,肌肉有节奏地连续收缩和舒展,肌肉舒展放松时大量血液在血管中,收缩时血液向心脏流动,如果立刻停止运动,血液依然从心脏流向身体周围,而向心脏回流的血液却很少,这样不仅不利于消除疲劳,还会对下肢血液回流造成阻碍,血液循环受到干扰,这种情况下身体更加疲劳,甚至有重力性休克的风险。因此,剧烈运动后立刻停下来保持坐姿或卧姿的休息姿势是不科学的,与运动生理学科学理论是相悖的。正确的做法是,结束运动后,不管身体多累,都要先对呼吸进行调整,通过慢跑或步行来缓冲和过渡,做整理类、放松类练习,增加回流到心脏的血液量,使重力性休克得到有效的预防。运动后的整理活动要与正式的活动内容相联系,或者说整理活动是正式锻炼运动的延续和衔接。例如,完成滑冰、跑步等运动后,继续减速滑行或减速跑,同时调整呼吸,多做深呼吸和下肢屈伸练习,以放松肌肉,恢复心率,这对消除疲劳、恢复体能以及预防脑缺血、重力性休克都具有重要意义。

(三)多吃饭可以补充运动消耗

1. 认识误区

儿童大都喜爱球类运动,参加篮球或足球运动会消耗大量的能量,运动结束后儿童会通过大量饮食来补充能量,满足机体对能量的需求,以促进消耗与吸收的平衡。一些儿童认为只要吃得多,就能很快补充消

耗的能量,所以运动后大量喝饮料和吃零食便成为一件很享受的事。

2. 指点迷津

儿童处于生长发育的关键时期,饮食和营养对生长发育有很大的影响,所以喜欢运动的儿童一定要注意科学补充营养,合理饮食。人们吃饭就是为了获得机体需要的能量和营养,以促进机体发展,延续生命,不同的人对营养有不用的需要,这与人的性别、年龄、生理状态等有关,但运动后是不是就该多吃饭与人的食欲有关,而运动强度和运动量大小在很大程度上影响着人运动后的食欲。合理的运动锻炼对血液循环、新陈代谢有促进作用,能够改善人的食欲和精神状态,如果运动量大,大量消耗体内热量,那么机体的需氧量也会增加,运动后饭量也会大一些。但是如果运动过度,机体疲劳加重,减少胃酸分泌,影响消化系统机能,这时食欲就会减弱。补充食物能够给机体提供能量,人体能量主要来源于三大营养素,即脂肪、蛋白质和碳水化合物,人体能量的消耗量与补充量要保持平衡,要根据消耗能量的多少来决定需要补充多少能量,所以运动后并不是吃得越多越能弥补消耗,要视运动中消耗的能量而定,也要根据运动后机体的反应来安排饮食。

(四)运动时喝冰水解渴

1. 认识误区

许多儿童本身就喜欢喝饮料,运动时更喜欢喝冷饮,有时贪一时凉爽,直接喝冰水来解决口渴的问题,他们认为喝冰水不但能够补水,还能降低体温,感觉很清爽。

2. 指点迷津

运动中会有大量热能产生,一部分热能为肌肉活动提供能量,满足机体运动之需,另一部分热能会使人的身体温度升高。运动中产生的热量随着运动量的增加而增多,如果机体散热不充分、不及时,体内积蓄大量的热能,身体温度持续不断地升高,那么就会影响生理机能的正常运行和运动能力的正常发挥。运动过程中人体散热的主要方式是出汗,运动强度越大,环境温度越高,消耗的热能越多,出汗量也就越大。机体很可能因为大量出汗而陷入脱水状态,这时就会严重影响身体机能的正常活动,导致运动能力下降。所以运动中补水很重要。但如果饮用温度太低的水,肠胃突然受到冷刺激,就可能引起胃痉挛,影响消化系统功能,这样机体就不能很好地吸收水分,不仅口渴的问题没有得到解决,反而引起了运动疾病。运动中补水,水温的适宜温度为8℃～14℃,这个温度的水能够很快被吸收,不仅能解决口渴问题,还能补充能量,满足运动时机体的需求。

(五)专项训练要从小抓起

1. 认识误区

喜欢运动的儿童大都有自己崇拜的优秀运动员或喜爱的体育明星,优秀运动员或体育明星童年的训练生活对儿童来说是很励志的,有的家长发现了孩子的运动天赋,希望向运动员的方向培养孩子,当他们看到优秀运动选手童年辛苦训练与现在辉煌成绩的必然联系后,便萌生了让自己孩子早一些参加专项训练的念头。那些喜欢参与体育运动并立志当运动员的儿童也不反对早早参加专项训练,他们希望越早从事专项训练,就越早成为优秀的运动选手,取得优异的比赛成绩。这种认识其实是不科学的,正所谓"欲速则不达"。

2. 指点迷津

一个人的运动训练水平和竞技能力高低是同时受多方面因素影响的,开始从事专项训练的时间并不能完全决定将来的运动水平和运动成绩。体能、心理素质、智能、技战术能力等因素都很关键。有人用"水桶理论"来解释运动员训练水平的发展变化,运动员的训练过程其实就像把水装进木桶里的过程一样,一旦木桶开了一个小口或木桶制作材料高度参差不齐,那么就会影响木桶的装载能力,表现在运动员身上就是影响运动员的训练水平,最终对其运动成绩产生影响。

孩子过早从事专项运动训练,那么其身体素质就很难得到全面发展,这对其将来训练水平的提高将会造成严重影响。所以说,培养青少年体育后备人才,要从基础训练和基础教育抓起,只有先把基础训练工作做扎实做全面了,使儿童具备了良好的身心素质,才能为未来专项发展奠定良好的体能基础,因此早期的运动以追求健康和全面发展为主,过早追求专业训练会适得其反。

(六)运动影响学习,不可兼顾

1. 认识误区

尽管我国现在实施素质教育方针政策,但应试教育的思想和教学现象依然存在,重智育而轻体育的思想意识在儿童及其家长群体中还是很普遍的。很多家长、儿童认为体育锻炼影响文化课学习,运动容易使人分心,影响文化课程学习的专注力,影响学习成绩和升学。

2. 指点迷津

科学合理的体育运动能够增强儿童神经系统的兴奋性,使儿童的记忆中枢获得积极性休息,有助于提高儿童的记忆力和学习能力,而且运动还能改善神经系统的机能,提高神经活动的灵活性和均衡性,有助于帮助儿童缓解压力,促进其紧张情绪的消除和睡眠质量的改善,对其学习效率的提升都有很大的帮助。体育锻炼不仅对生长发育有益,对健康有益,还对学习有益,一举多得,所以说"运动影响学习"是错误的认识,但如果过度运动或完全沉迷运动,不能平衡运动时间和学习时间,那么就会影响学习,这是错误的。儿童一定要科学参与运动,对运动量合理控制,以促进身心健康和全面发展为主要目标,这将对学习及未来发展起到积极的促进作用。

四、儿童体育运动锻炼的不同安排

(一)不同季节体育锻炼的安排

1. 春季体育锻炼

一般来说,在春季,人体各器官功能的水平都比较低,肌肉和韧带都显得比较僵硬。因此进行适当的体育锻炼是尤为必要的。在春季参加体育运动锻炼,选择的运动项目或运动方式要以能加速体内的新陈代谢为主,能有效提高人体各器官的机能水平。另外,要尽可能选择以有氧代谢供能为主的运动项目,运动负荷的安排还要合理,符合个人的身体条件。另外,儿童在参加体育运动锻炼时,还要做好充分的准备活动,从而避免运动损伤,为机体顺利参加运动锻炼提供良好的条件。

2. 夏季体育锻炼

一般来说,夏季比较炎热,有很多的学生不愿意在炎热的天气条件下进行锻炼,这不利于儿童体育运动锻炼的连续性,不利于儿童身体素质的提高。因此,儿童参加体育锻炼,还要充分考虑气候的影响。

尽管会受到气候条件的影响,但也不要荒废了体育锻炼,要持之以恒地参加体育锻炼,这样才能促进自身身体素质的发展和提高。在体育锻炼的时间选择方面,儿童一定要结合自己的实际情况合理地安排锻炼的方法和时间。运动项目的选择上,可以选择羽毛球、网球等喜闻乐见的运动项目。在运动结束后一定不要忘了补充水分和各种营养素。

3. 秋季体育锻炼

秋季气温比较适中,非常适合人们参加体育运动锻炼。对于儿童而言,他们可以依据自己的兴趣选择适合自己的体育项目,如各种球类运动、健身跑、自行车等。需要注意的是,秋季一般早晚气温低,昼夜温差大,因此在参加体育锻炼时要根据气候变化情况适时增减衣物,避免出现感冒的现象。此外,秋天天气比较干燥,儿童在参加体育锻炼时还要注意补水,以维持机体所需。

4. 冬季体育锻炼

冬季也是一个比较适合体育锻炼的季节,儿童学生通过参加各种形式的体育运动锻炼,能有效提升自身体质水平,获得健康发展。冬季可供儿童参加的体育运动项目有很多,其中冬游、滑冰、滑雪以及各种球类都深受儿童的欢迎。由于冬季身体机能惰性较大,如果不做好必要的防备就容易发生运动损伤,因此一定要注意运动中的安全。

(二)不同体质儿童的体育锻炼

一般来说,儿童的体质主要分为健康型、一般型、体弱型、消瘦型和肥胖型等几种。每一种类型的儿童,其体质存在较大的差异,因此在参加体育锻炼的过程中一定要结合自身实际做好合理的安排。

1. 健康型儿童的体育锻炼安排

健康型这一类型的儿童一般身体都比较健壮,热爱参加各种各样的体育运动锻炼,能承受较大的运动负荷。这一类型的大学生可以结合自身实际选择一两项运动项目作为重要的锻炼手段,坚持不懈地参加锻炼,通常都能取得不错的效果。

2. 一般型儿童的体育锻炼安排

这一类型的儿童,体质一般但也没有什么不良的疾病。据调查发现,这一类型的儿童通常都认为自己无病,不需要参加体育运动锻炼,这种认识是非常错误的。终身体育理念告诉我们,体育运动锻炼伴随人的一生,人们要建立起运动锻炼的热情和恒心,不能流于形式。在选择运动项目时,这一类型的儿童应选择那些富有趣味性的能切实取得锻炼效果的运动项目,如篮球、足球等各种球类,这些球类的趣味性比较强,能激发儿童积极参加运动锻炼的兴趣,获得身体健康发展。

3. 体弱型儿童的体育锻炼安排

身体虚弱的儿童更应该积极地参加体育运动锻炼,以增强体质、战胜疾病。儿童在选择运动锻炼方式时,需根据个人情况选择适宜的运动项目,如慢跑、太极拳、有氧健身操等都是有效的运动项目。对于那些体弱多病的儿童而言,体育运动锻炼要循序渐进地进行,不能急于求成。

4. 消瘦型儿童的体育锻炼安排

在当今社会背景下,消瘦型的儿童占据着一定的比例。这一类型的儿童向往自己的身体更加壮实和丰满,因此需要选择合理的健身手段和方式,如参加足球、篮球等球类项目,以及游泳、骑自行车等都是很好的项目。坚持参加这些项目的锻炼通常能取得不错的锻炼效果。

5. 肥胖型儿童的体育锻炼安排

在科学技术日益发达的今天,高科技给人们带来了一定的实惠与便利,也带来了一些社会文明病,如肥胖症就是其中的一种。这一体型的

第五章　新时期农村家庭的儿童身体健康

儿童参加体育锻炼的主要目的就是减肥,塑造良好的体型,他们可以选择一些有氧运动或者有氧无氧混合运动,如游泳、骑自行车等。坚持长期参加体育运动锻炼,就能实现减肥塑身的目的。

五、农村家庭环境对儿童体育锻炼的影响

(一)家庭结构组成对农村儿童体育锻炼的影响

家庭结构是家庭中成员的构成及其相互作用、相互影响的状态,以及由这种状态形成的相对稳定的联系模式。家庭结构包括两个基本方面:(1)家庭人口要素。家庭由多少人组成,家庭规模大小。(2)家庭模式要素。家庭成员之间怎样相互联系,以及因联系形式不同而形成的不同的家庭模式。由于本书研究对象都是青少年,因此暂不研究家庭模式要素。

众所周知,独生子女家庭中的孩子会受到更多人的关心和照顾,而父母甚至于爷爷奶奶、外公外婆等长辈为了孩子更健康的成长,他们将会在金钱和时间上花费更多,而对于同样收入的家庭来说,家里有2个或是3个甚至更多孩子,他们得到的陪伴与消费将变得越来越少,因此家庭结构在基础上便影响了孩子体育锻炼的情况。

(二)家庭成员教育程度对农村儿童体育锻炼的影响

家庭成员的教育程度对孩子的教育有着至关重要的影响,其教育程度的高低影响了家长自身的思想认知。相对而言,高学历的家长对事情的认知有着更深更高的理解,对事物的认知能力也较强,从而对体育锻炼的认识和作用更加明确,而子女通过父母对体育的认识和了解也在一定程度上改变自己对体育的认识。因此家庭成员的教育程度对青少年体育锻炼有着很大的影响。

(三)家庭经济收入和体育消费对农村儿童体育锻炼的影响

随着生活水平的逐渐提高,人们对生活的追求不仅仅限制物质生活,也逐渐在追求精神生活,并逐渐在改变日常生活方式,比如体育带给生活的影响。而家庭的经济收入决定着家庭生活状态和质量,有了一定的经济基础才可以更好地追求精神生活,追求健康的生活。陈健飞老师在《关于城市小学生家长对子女参与身体活动态度的研究》中认为家庭收入不同,家长对子女进行身体锻炼的态度是不一样的,收入与家长对待小孩参加运动锻炼的支持率成正比,即家庭收入越高,家长对待子女参加身体活动的态度越积极。

(四)家庭亲子运动时间和参与意识对农村儿童体育锻炼的影响

家庭是孩子最初的教育对象,也是孩子接受最长久的教育对象。家庭成员的意识与行动对孩子有着潜移默化的作用。而家长作为孩子的监护和培养人,在对孩子的体育参与和引导以及选择上起到至关重要的作用。

农村儿童喜欢和爸爸妈妈一起参与体育锻炼,他们认为这样不仅可以锻炼身体、提高心理素质、增强社会适应能力,还有可以增进和爸妈之间的情感、提升对体育锻炼的动力和兴趣。但是显然当前家长做得还尚未到位。

六、农村家庭教育中开展儿童体育锻炼的策略

(一)严格执行国家文件与要求,加大农村体育的各项投入

在《"健康中国2030"规划纲要》中,到2030年基本建成县乡村三级公共体育设施网络,人均体育场地面积不低于2.3平方米,在城镇社区实现15分钟健身圈全覆盖。因此在各乡村城镇都需要得到国家以及地方政府的重视与投入,逐渐实现公共体育设施网络,让所有人能享受15分钟健身圈。青少年精力充沛,加之好的体育设施网络的好环境,能极大地促使农村青少年更好地参加体育锻炼,提升身体素质,也能更好更快地实现健康中国2030规划。

(二)加强对农村家庭的正确引导,提升家庭体育氛围

当前,部分农村家庭的家长认为体育锻炼是孩子自己的事情,是学

校的事,跟家庭没有什么联系,家长不必陪同与指导,这将是对孩子参与体育锻炼有着极大的消极影响。因此各地村委会包括学校等都应加强对农村家庭的正确引导,让家长认识到体育锻炼的重要性,让家长认识到家庭的体育氛围的重要意义,逐渐形成良好的家庭体育氛围,提升农村青少年参与锻炼的积极性和实效性。

(三)建立紧密的家校社关系网,促进青少年全面发展

青少年的成长离不开家庭、学校和社会的支持。其中青少年的健康也是需要家庭、学校和社会三者紧密配合,才可以达到最好的效果。在家里,父母要逐渐养成锻炼习惯,用自己的行为习惯去影响和带动孩子;在学校,教师应该逐步吸引青少年参与体育锻炼的兴趣,教会学生 1～2 项运动技术技能,布置一定的任务让学生课后完成;而在社会中,乡镇社应该多举办各种体育活动或是亲子活动,也可以与学校共同举办不一样的活动,让青少年积极参与,同时也让父母参与其中,提升锻炼的乐趣等。只有家校社紧密地联系,并相互促进,这样才能更好地提升青少年的身体素质、心理素质和社交能力等,促进青少年的全面发展。

第三节 儿童体育特长培养

一、儿童体育特长的发现

随着社会的发展,每个父母都不希望自己的孩子输在起跑线上,望子成龙、望女成凤成了家长们所期盼的,儿童上学要全面地发展德智体美劳,但是作为父母,发现儿童身上的优点,并且发扬光大也是父母应该做的,儿童的体育好也是一个优点,如果儿童的体育成绩好,并且热爱运动的话,家长应该根据儿童的情况下,对儿童进行体育方面的培养,应该了解儿童在体育的哪个项目中比较优秀,如游泳、射箭、跳高、跳远、扔铅球等,找到儿童特长的那一项专注地培养孩子,让儿童在某个领域中能够发光发热,这无疑是一个很好的选择。

二、儿童体育特长的素质训练

发挥儿童体育特长,需要训练五大素质,如图5-3所示。

儿童体育特长的五大训练素质：
- 力量素质
- 速度素质
- 耐力素质
- 柔韧素质
- 灵敏素质

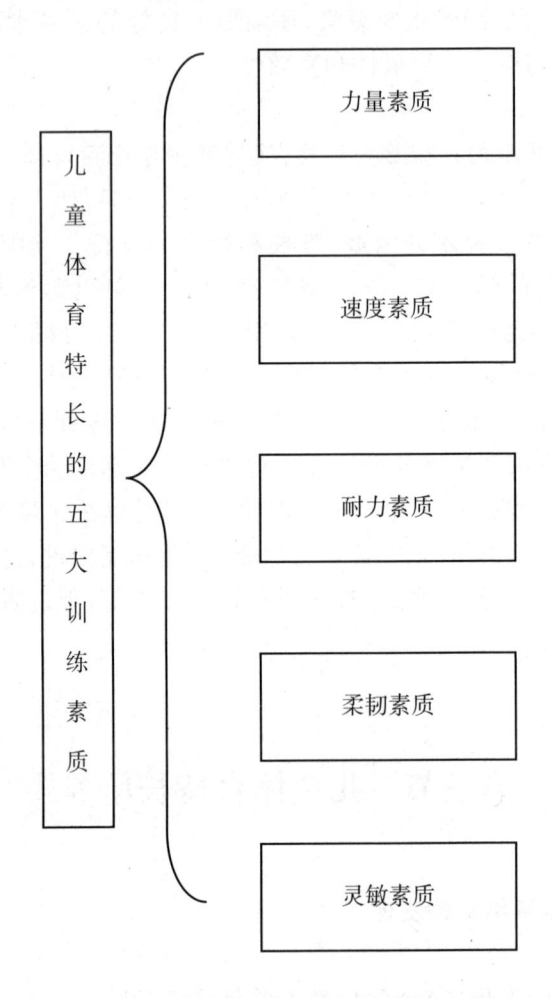

图5-3 儿童体育特长的五大训练素质

(一)力量素质

1. 力量素质概述

力量素质,是指人体肌肉系统工作时克服或对抗内外阻力的能力。

内部阻力主要包括肌肉的黏滞力、关节的加固力和各肌肉间的对抗力等。可以说,力量素质是其他人体素质的重要基础,即使其他身体素质得到了很好的发展,但是如果缺乏力量也是不行的。对于所有的运动项目而言,力量素质是其重要的基础,在平时的训练中一定要加强这一素质的训练。通常来说,人体的力量素质主要包括最大力量、速度力量和力量耐力等几大类。

第一,最大力量。最大力量指的是机体能够克服的最大阻力的能力。实际上,最大力量与体重是没有关系的,其与肌肉体积有关,两者是正相关的关系。

第二,速度力量。速度力量就是指肌肉在运动时快速克服阻力的能力。这一素质在很多运动项目中都扮演着十分重要的角色。速度力量的形式有很多种,其中较为特殊且典型的有爆发力、起动力和弹跳力等几种。

第三,力量耐力。力量耐力是指运动时肌肉长时间克服阻力的能力,通常情况下,阻力与运动时间是呈负相关的关系的。加强力量耐力素质的训练对于大学生而言十分重要。

2. 力量素质习练方法

(1)接、掷保健球仰卧起坐训练。屈膝,双脚平放于地面,从座位开始练习。一搭档面向你,双手持保健球,站于离你1.2～2米的位置。搭档把保健球掷于你胸前。接球,慢慢下降躯干至地板,然后返同到起始位置。当恢复到起止位置时,胸前双手把保健球传给搭档。

(2)快速触脚训练。平躺于地板上,要求双臂和双腿始终伸直。始终保持双臂和双腿伸直,快速用双手触摸脚尖。切记:在两个动作之间,不能完全把后背恢复到平躺位置。

(3)充分仰卧起坐训练。屈膝,以标准仰卧起坐的姿势躺于地面,只使下后背触到地板,双手放于脑后。收缩腹部肌肉群,使躯干提升,形成与地面垂直的姿势。慢慢恢复到开始位置,整个训练过程中保持双臂不动且始终放松。

(4)负重身体收缩训练屈膝,以标准仰卧起坐的姿势躺于地面,只使下后背触到地板,双手持一杠铃片或保健球置于胸前。收缩腹部肌肉群,使双肩及上后背提升,与地面呈30°～45°角。慢慢恢复到开始位置,整个训练过程中始终将杠铃片或保健球置于胸前。

(二)速度素质

1. 速度素质概述

速度素质是指人体或某环节快速运动的能力,人体快速完成动作的能力、对外界信号刺激快速应答的能力以及快速位移的能力都属于速度素质的范畴。在人体的各项运动素质中,速度素质占据着重要的地位,因此儿童在平时的训练中一定要加强速度素质的训练。速度素质主要分为反应速度、动作速度和移动速度、瞬时速度等几个类型。其中,瞬时速度指的是运动中各单一速度或个体速度之间转化、传递的快慢。它是由位移速度、动作速度、反应速度、器械运行速度、个体之间的配合等因素相互作用产生的综合效果,主要从动作环节间的衔接上得到体现,如田径运动中的跑跳衔接,跨跳结合,助跑与投掷出手的衔接等都属于瞬时速度,这一速度的训练也是非常重要的内容。速度素质的训练要持之以恒,不能半途而废,否则就难以取得理想的训练效果。

2. 速度素质习练的方法

(1)原地支撑摆腿
练习方法:躯干保持正直,大腿积极高抬,约与地面平行,支撑腿充分蹬直,上肢摆臂动作与下肢腿部动作协调。练习时,头颈部和肩带放松,大腿和小腿自然折叠,抬腿时避免躯干前倾。练习3~4组,每组做20次(左右腿交替进行),组间间歇1分钟。

强化练习:在髋、膝、踝等部位系弹力带,利用弹力势能增加阻力,增强蹬摆的效果;支撑脚踩平衡盘,在不稳定的条件下增强身体的控制与协调能力,在本体感觉得到强化的基础上,有效提高核心部位的工作强度,进而为提高速度奠定基础。

(2)速度跑练习
①后蹬跑
练习方法:蹬地腿用力蹬伸,积极伸展髋、膝、踝三个关节,摆动腿屈膝前顶送髋,大小腿折叠,小腿放松并自然下垂,脚掌着地瞬间用力扒地,手臂积极摆动,躯干始终保持稍前倾。提膝时大小腿角度也应控制在90°左右,摆动腿同侧髋积极前送。练习3~4次,每次跑30米,

次间间歇 2 分钟。

强化练习：第一，手扶墙后蹬跑，躯干近端有支撑，有利于核心部位保持稳定，控制重心，避免过分起伏，同时还能有效地提高快速后蹬的频率。第二，持哑铃后蹬跑：增强摆臂力量及躯干控制能力，进而增大大腿前摆的幅度。第三，踏标记后蹬跑：不同间隔的标记有利于调整幅度、增大幅度或提高频率。

②高抬腿跑

练习方法：大腿积极向前上摆到水平或水平以上，踝关节放松，落地时大腿积极下压，上体正直或前倾，快速摆臂。练习时身体保持正直或稍前倾，肩带放松，摆臂时手的位置不要高于下颚。练习 3~4 组，每侧腿每组做 20 次，组间间歇 1 分钟。

强化练习：行进间踏上标志（可用绳梯或画好格子）：提高频率，增强灵敏性。倒退高抬腿跑：进一步强化发力部位的运动感觉。持哑铃高抬腿跑：增强核心部位的控制能力，提高用力效果。穿沙背心、腿部缠戴小沙袋：增大阻力负荷，增加练习后的痕迹效应。上楼梯、上坡高抬腿跑：利用重力势能增强练习效果。下坡高抬腿跑：利用重力势能，加快频率。

（三）耐力素质

1.耐力素质概述

耐力素质指的是人体在长时间工作或运动中克服运动疲劳的能力。这一耐力素质在一定程度上反映了人体健康水平或体质强弱，因此无论是作为普通人还是专业的运动员，都要重视自身的耐力素质训练。需要注意的是，人体各项体能素质并不是独立存在的，与其他体能素质之间存在着极为密切的联系。以耐力素质为例，耐力素质可以与力量、速度素质等相结合，形成力量耐力和速度耐力。这些素质都是运动员应具备的重要的体能素质。

2.耐力素质习练的方法

（1）有氧耐力训练

定时跑。选择合适的场地，学校操场或者公园中做固定时间的跑动练习,练习的时间为 15～30 分钟。

定时定距跑。在学校操场或公路上做定时、定距离跑的练习。如 15～20 分钟时间内跑 3600～4600 米,具体要求依据学生的个人能力而定。

重复跑。在操场或无人的公路上做重复跑,跑动距离、次数与强度依据个人实际情况和锻炼的目的而定。一般情况下,600 米、800 米、1000 米是合理的选择。

法特莱克跑。选择合适的场地,在田野或公路上进行自由变速跑,时间大约维持在 30 分钟。

越野跑。选择在公路、树林、草地等场地进行越野跑练习。练习的距离通常在 4000 米以上,可以依据个人情况合理的选择。

（2）无氧耐力训练

原地或行进间歇车轮跑。原地或行进间做车轮跑练习。每组 50～70 次,6～8 组,组间歇 2～4 分钟,强度一般为 75%～80%。

间歇后蹬跑。行进间做后蹬跑。每组 30～40 次或 60～80 米,重复 6～8 次,间歇 2～3 分钟。强度为 80%。

高抬腿跑转加速跑。行进间高抬腿跑 20 米左右转加速跑 80 米。重复 5～8 次,间歇 2～4 分钟。强度为 80%～85%。

原地间歇高抬腿跑。原地做快速高抬腿练习。发展非乳酸性无氧耐力,做每组 5 秒、10 秒、30 秒钟快速高抬腿练习,做 6～8 组,间歇 2～3 分钟。强度为 90%～95%。发展乳酸性无氧耐力,做 1 分钟练习,或 100～150 次为一组,6～8 组,每组间歇 2～4 分钟。强度为 80%。

间歇接力跑。跑道上,四人成两组,相距 200 米站立,听口令起跑,每人跑 200 米交接棒。每人重复 8～10 次。

（3）混合耐力训练

反复跑。每组反复跑 150 米、250 米、500 米之间距离 4～5 次。每组练习之间休息约 20 分钟。大学生在规定的时间内要完成整个练习,练习强度在 80% 以上。

间歇快跑。以接近 100% 强度跑完 100 米后,接着慢跑 1 分钟,做间歇性练习。反复练习 10～30 组。大学生可依据自身实际合理的调整训练负荷。

短距离重复跑。采用 300～600 米距离,每次练习强度为 80%～90%,

做反复跑练习。大学生在参加训练的过程中,要注意速度的合理分配。

力竭重复跑。依据个人实际确定合理的跑距,以100%强度全力完成整个距离跑。依据身体情况确定练习的次数,练习时进行充分的休息,避免发生过度疲劳。

(四)柔韧素质

1. 柔韧素质概述

柔韧素质,是指人体各个关节活动范围及肌肉、韧带的伸展能力,可以将其理解为一个或多个关节的活动范围。通过进一步分析,可以从两个方面来更加深入地了解和认识柔韧素质:一个是关节活动幅度的大小,一个是跨过关节的肌肉、肌腱、韧带等软组织的伸展性。其中,关节的活动幅度主要取决于关节本身的装置结构。跨过关节的肌肉、肌腱、韧带等软组织的伸展性,则主要通过合理的训练获得。

2. 柔韧素质习练方法

(1)锥形轮子

第一,将若干锥形圆圈(半径3～5米)竖立在地上,保持适宜间距。第二,从一个锥形物出发向另一个锥形物跑进,每通过一个锥形物时完成一个专项运动技术,将专项技能与跑的练习结合起来。

(2)一个接一个的活动

第一,选择一个运动场地,场地大小规格依据练习者的运动水平而定,水平越高,场地越大。场地上摆放一排箱子。

第二,练习者分两排站在箱子两侧,面对面,其中一排是主要练习者,另一排负责干扰。

第三,负责干扰的队员向练习者扔沙包等物体,主要练习者面对正对面队员的干扰,要迅速移动闪躲,躲开干扰,闪躲过程中还要保持身体平衡,防止摔倒。

第四,一旦练习者被击中,就与干扰者互换角色。

(3)扔球

第一,练习者站在球上保持平衡,同伴手持球,距离练习者4米左右,两人面对面。

第二,同伴松手扔球的瞬间,练习者以最大速度向球的方向冲刺,注意通过摆臂来提速。尽可能在球第一次落地反弹后将球接住。

第三,每成功接球一次,练习者与同伴的距离就增加1米,以不断提升练习难度。

（4）袋鼠跳

将练习者分成人数相等的两队,两队间隔一定距离成纵队站在起点线后。游戏开始,每队第一人听教练员信号,迅速跳进麻袋,双手提着麻袋口,双脚跳跃,过折返线后钻出麻袋,提着麻袋跑回,交给第二人。第二人继续练习,依次类推,两组最后一人跑回起点线则结束游戏,先完成的队获胜。

（5）跳长绳

将练习者分成两组,每组先选出两人摇绳,其他人陆续全部进入绳中连续跳绳,跳绳停摇为一局,每局进入跳绳人数多的一方或全部进入后跳绳次数多的一队获胜。

（6）一加一投篮比赛

将练习者分成人数相等的两队,各成一路纵队分别站在两个半场的罚球线后,排头手持篮球,投中可再投一次；如第一次未投中不可再投。排头投篮后传给第二人,自己站到队伍最后,依次类推,直至全队完成投篮,累计投中次数多的一队获胜。

（7）空中接球

把练习者分成人数相等的两队,各自选定起跑点,做好标志,各成一路纵队排在助跑道两边。游戏开始,各队第一人自起跑标志加速助跑踏跳成腾空步,在空中接住来球,落地后再将球回传,其他队员依次进行。在空中接住球得1分,累计总分多的一队获胜。

（五）灵敏素质

1. 灵敏素质概述

灵敏素质是指人体所表现出的协调、快速、准确等方面的能力。灵敏素质主要是在力量、速度、耐力、柔韧等素质基础上建立和发展起来的。这一素质也是人体一项重要的素质。灵敏素质得以发展了,其他素质也会相应地发展和提高。一般情况下,影响人体灵敏素质发展的因素有很多,要具体问题具体分析。其中,性别、体型、疲劳程度、运动经验、其他素质水平等都会对人体灵敏素质的发展产生一定的影响。因此灵敏素质的训练也非常重要。

2.灵敏素质习练方法

(1)双腿侧向单足跳

在1码宽的标志区内,学生做以下训练。运动员站在标志区左侧做好准备,等待教练员的开始口令。双腿蹬伸跳向标志区的另一侧,要确保跳过标志区。着地后快速跳回原来位置。连续快速练习5～10次。

(2)六边

在场地内标出六边形,边长可以根据实际合理地确定。运动员站在六边形的中心,面对指定方向。面对指定方向时,双脚跳出六边形的每一边。先后进行顺时针和逆时针跳跃,教练员在一旁做好计时工作。

(3)20码往返跑

运动员两腿呈开立姿势,做好充分的准备,听口令跨过起始线。运动员向右转身,快跑并用右手触摸5码远的一条线。

运动员转回左边,跑过10码距离并用左手触摸远处线。运动员转回右边,跑过5码距离,穿过起始线完成练习。

(4)8字形跑

在平整的场地上放置两个间距为5～10码的扁平锥桶。运动员做好准备,两腿呈开立姿势。运动员听口令在两锥桶间做8字形跑,转弯时用手心碰触每一个锥桶。

(5)蛇形跳

运动员做好准备,两腿呈开立姿势。进行一系列的直角转弯跳,并保持两脚一起。跳跃前进方向:正前方、右方、正前方、左方、正前方等。跳起时必须转髋。

三、儿童基本动作技能要领与训练

(一)走步的动作要领

走时躯干要直,头摆正,眼看前方,自然挺胸,两臂前后自然摆动,摆臂时肘部稍弯曲与同侧腿运动方向相反。两脚依次向前迈步,后脚跟先着地,然后迅速过渡到前脚掌,与地面接触时脚趾向前(不向内或向外)。两脚落地要轻,步幅均匀。集体走时步调一致,保持适当的距离。儿童行走时可给予口头提示,如向前看、自然摆臂、脚趾向前方、跟着线走等。

(二)跑步动作要领

跑时躯干正直稍前倾,眼看前方。前脚掌着地自然跑,快跑时脚要用力后蹬向前奔跑,两脚左右距离不过宽。两臂屈肘于体侧,两手半握拳,拳眼向上,随下肢动作前后自然摆动。

(三)跨跳的动作要领

跨跳动作,要求膝盖稍微弯曲以吸收着陆然后延伸起飞,前脚起飞,对脚着陆;头和躯干正直,抬头,眼睛向前看;前腿对侧的手臂向前和向上伸直。在进行跨跳练习时可以给予孩子口头提示,如向前看、摆臂、大步、直腿、轻柔地落地等。

(四)立定跳远的动作要领

立定跳远在准备动作时要求脚踝、膝盖及臀部弯曲,手臂伸展到身后;跳跃时双脚均匀用力跳起,双腿伸直,双臂向前、向上摆动,上体向前倾斜约45°;落地时脚踝、膝盖及臀部弯曲以吸收着地的冲击力。练习时可口头提示,如屈膝、摆臂、身体前倾、伸手够天、用前脚蹬地轻轻落地等。

(五)原地纵跳的动作要领

年龄阶段(岁)	发展阶段	发展特征
3~5	起始阶段	准备姿势的蹲伏动作不协调连贯; 起跳时身体没有伸展; 缺乏双脚起跳的能力; 缺乏一定地跃起高度;

续表

年龄阶段(岁)	发展阶段	发展特征
4~7	初级阶段	膝关节弯曲蹲伏角度超过90°； 双脚起跳； 身体没有完全伸展； 手臂开始辅助用力和保持平衡； 着地时缺少平衡；
5~8	成熟阶段	膝关节弯曲蹲伏角度在60°到90°之间； 起跳时整个身体完全伸展； 有控制地落地；

（六）单脚跳的动作要领

支撑腿在着地时弯曲，然后伸直以产生推动力，摆动腿与支撑腿的节奏一起移动，起跳和着地时均用脚前掌；头部和躯干稳定，眼睛盯着前方；双臂弯曲摆动协助腿部动作。练习时口头提示，如摆臂、起跳前屈腿(膝)、摆动腿呈L字形、同一个脚落地等。

（七）前滑步的动作要领

前滑步动作要求有节奏的、一脚腾空并落向接近另一只脚的地方，并且使用不对称的或者是不均匀的步法。连续前滑步是儿童接触的第一个不对称的动作技能，它是一种向前移动的动作。前滑步移动时，儿童双脚面向前方(行进方向)，膝盖微弯曲，重心在前脚，尾随腿(后腿)在领先腿旁边，领先腿在尾随腿落地之前以有节奏的方式起飞；躯干、头部和眼睛面向前方(行进方向)，手臂在肩膀高度。

（八）侧滑步的动作要领

双脚脚尖朝向前方(不是行进方向)，膝盖微微弯曲，重心在前引脚，后腿(跟随脚)落在前引脚(领先脚)的旁边，前脚在后脚落地之前以一定的节奏移动；躯干、头部和眼睛面向前方(不是行进方向)。侧滑步练习时可以给予孩子口头提示，如身体放松、膝盖稍微弯曲、两脚不要交叉、用前引脚带动后脚侧向移动等。

（九）垫步跳的动作要领

两腿单脚跳的连续交替、"踩—跳"动作节奏很明显、用单脚跳推动身体向前移动、头部保持稳定，眼睛紧盯前方、手臂摆动和腿部相反。练习时可给予口头提示，如摆臂、踩—跳、保持节奏、屈膝—蹬伸等。

（十）双脚连续跳动作要领

准备时双腿自然弯曲，重心微微下蹲，双手后摆。起跳时双腿用力，同时双臂向前上方摆动。落地时要轻巧，双腿弯曲缓冲。双手后摆再次呈准备姿势，进行下一次跳跃。要求动作灵活性、肢体协调性；提高动作节奏连贯性。

（十一）前滚翻动作要领

前滚翻由蹲撑开始。人重心前移，两腿蹬直离地，同时屈臂，低头、含胸、提臀，以头的后部在两手支点前着垫，依次经颈、背、腰、臀向前滚动。当滚至背部着垫时迅速收腹屈膝，上半身紧跟大腿团身抱膝呈蹲立。

保护与帮助：帮助者蹲在练习者一侧，一手后扶其后背颈处，另一手抬臂推去，当练习者向前滚翻时，帮助者按其颈背，另一手帮助练习者蹬地，完成前滚翻动作。

（十二）跳绳基本动作要领

身体直立，两眼目视前方；起绳后大臂贴近身体两侧，小臂向身体中间收近；绳子打地时起跳；跳绳过程中膝关节微微弯曲；落地时前脚掌着地。

重点：双脚同时起跳，前脚掌轻巧落；难点：摇绳与起跳动作协调连续。

（十三）投掷的动作要领

以单手肩上挥臂为例：两脚前后开立，左脚在前。右手持投掷物屈肘于肩上，肘关节向前，眼看前方，然后蹬腿、转体、挥臂、甩腕用力将物体投出。

以双手抛投为例：两手在体前拿住投掷物，用摆臂、抖腕的力量将物体向前上方抛出，两臂用力要均匀。

（十四）熟练接球手的动作要领

阶段	熟练接球手的动作特征
准备阶段	用眼睛注视来球
	根据来球的飞行特点，协调身体位置
	双脚微分站立
	在接球前，双臂放松置于体侧或体前
接球阶段	移动双手截住来球，需根据物体的空间特征来精确的调整手指的位置；接高球时，手指向上，接低球时手指则略微向下
	手后移以缓冲
	手指在恰当的时机抓住球
	身体的重心从前向后转移

（十五）熟练踢球者的动作要领

阶段	熟练的踢球者的动作特征
准备阶段	连续助跑
	触球前支撑腿大步或跨步动作
	在球后侧或旁边的支撑点落脚
	躯干稍向后倾

续表

阶段	熟练的踢球者的动作特征
用力阶段	踢球腿后摆,膝关节弯曲
	用力摆腿顺序为先大腿,再小腿
	触球时,伸腿
	触球时,上身后倾
后续动作阶段	由于踢球腿用力向前上摆动,经常导致支撑腿离地,表现出跳跃步,以缓冲力量
	躯干后倾
	手臂反向运动以减缓腿的力量

（十六）熟练挥击动作时的动作要领

阶段	挥击动作	
	体侧挥动球拍	用球棒挥击
准备动作阶段	把球拍沿水平方向后摆,即引拍	身体侧转,两脚前后站立,重心在后腿上
	侧对目标	当双手做后引棒动作时,上步并将重心前移
用力动作阶段	持球拍的异侧腿大步迈进准备击球	持棒的异侧腿大步迈进准备击球
	充分地向前挥击	充分地向前挥击
	躯干和腿部依次转动产生转动惯量	躯体依次的转动产生转动惯量
	将引拍、迈步、下肢与躯干的转动、挥臂、触球和后续动作连贯起来以产生最大的力量	将引棒、迈步、下肢与躯干的转动、挥臂、触球和后续动作连贯起来以产生最大的力量
	击球前伸展两臂	击球前伸展两臂
后续动作阶段	手臂挥动到身体的另一侧	腕关节的滚动
	身体的重心越过支撑腿	球棒挥动到身体的另一侧
		身体的重心移至前脚

四、农村儿童体育特长的培养策略——建构家校联盟

教育学生提高认识,意识到我是"体育特长生"而不是"特殊生",特长生必须学好科学文化知识,协调好运动训练和文化学习之间的矛盾,使运动训练对学习的影响减少到最低限度,调动一切积极因素,使体育特长生顺利考入自己理想的体育院校。

建立家校联盟制度,让家长及时了解自己孩子在学校特长培养的程度如何,以便及时采取适当、有效的措施来最大程度上提高学生体育特长的培养。我们在教学工作中,应该把更多的爱去关心那些在学校成绩平平,常常被老师训斥的学生们,不能由此认定他们"愚笨",没有"潜能",什么"对牛弹琴","朽木不可雕也"。人是多元化的,每个人都有不同的潜能,不同的特长,只是有人这方面突出些,有些人那方面突出而已。我们应该善于发现他们的闪光点,让每一个孩子的特长都尽可能最大程度地发挥。

(一)借力家长特长影响

学校教育固然重要,但家庭教育同样重要,两者缺一不可。家长的影响对孩子是深刻的,一个家长的体育锻炼方式,往往能影响孩子的锻炼方式,因此课外体育锻炼要借力于家长体育锻炼特长,对学生形成良性的影响,使他们在这种运动氛围之下喜欢运动。

(二)借力学校运动队

学校各运动队把一些运动能力突出的学生招入各自运动队,通过运动队的训练,强化学生的运动能力和技能,从而进一步形成体育特长。

(三)借力学校体育俱乐部

学生根据自己的兴趣和爱好,自主选择一两个体育俱乐部参加,根据学生运动基础和报名情况进行调整,使每个学生利益最大化。为了培养学生的运动兴趣和形成特长,学校可聘请专职体育教师和教练,为学

生进行专门的体育练习,使学生练习更具专业化。

(四)借力校外体育兴趣班

学校通过跟校外体育机构合作,让更多的学生参加校外体育兴趣班,让他们接受较专业的体育练习,弥补学校体育的不足之处,为学生形成正确的运动技能奠定良好的基础,同时,利用校外兴趣班也能让学生接触更多的人和事,对他们的身心发展都有良好的促进作用。

第六章 新时期农村家庭的儿童审美能力培养

2020年10月,中共中央办公厅、国务院办公厅印发的《关于全面加强和改进新时代学校美育工作的意见》指出,美是纯洁道德、丰富精神的重要源泉。美育是审美教育、情操教育、心灵教育,也是丰富想象力和培养创新意识的教育,能提升审美素养、陶冶情操、温润心灵、激发创新创造活力。审美教育是对学生进行全面素质教育的主要内容。美育有着独特的功能和作用,这是其他教育无法替代的。通过家庭教育中的审美教育,可以使儿童的情感得到陶冶,思想得到净化,品格得到完善,从而使他们的身心、精神境界得到升华。基于此,本章就来分析新时期农村家庭教育与儿童审美能力培养。

第一节 审美教育的性质与特点

一、美育的性质

美感,顾名思义,专指我们对于美的事物所产生的美的感受。但这只是狭义的美感,从广义上来说,美感还包括审美观念、审美理想以及审美趣味等主客观相结合的东西。这样的美感又可以称为审美意识。那么,我们该如何把握美感,或者说美感究竟具有什么样的性质呢?我们认为,美感是从美的事物之中派生出来的,是人对于客观存在的事物的一种反映。

例如,我国近代著名诗人徐志摩的《再别康桥》(节选):

轻轻的我走了,正如我轻轻地来;
我轻轻地招手,作别西天的云彩。
那河畔的金柳,是夕阳中的新娘;
波光里的艳影,在我的心头荡漾。
软泥上的青荇,油油的在水底招摇;
在康河的柔波里,我甘心做一条水草!
那榆荫下的一潭,不是清泉,是天上虹;
揉碎在浮藻间,沉淀着彩虹似的梦。

在这首诗里,敏感的诗人用如此深情的笔触将自己对于剑桥自然的审美感受毫无保留地倾吐出来了,从中我们可以意识到,美感的反应对于美的事物来说是具有一定能动性的。可以说,在整个美感的产生和表达的过程中,都有积极的创造性跃跃欲试地参与其中。而且,对于同一种事物,对同样都可以产生审美感受的人来说,美感也绝不是完全相同的。这是因为在审美活动中,人的成长经历、生活经验、个性品质以及文化修养等都在作为一种潜在机制起作用,因为这些因素对于每个人来说都是独一无二的,所以美感也常常是各不相同的,就像这世界上没有两片完全相同的树叶一样。

另外,我们还必须注意到,在美感产生的过程中,人还会对自己脑海中出现的"美的形象"加以情感的投射和补充,让审美感受在自己的品位当中得到不断的强化,产生出立体的层次感。甚至,这些富有层次的感受有些很大程度上已经超过了原来的事物想要表达的范畴。

二、美育的特征

美育的特点是美育本质的外部表现,是由美育的本质所派生出来的。把握美育的特点是成功地实施美育的关键。

(一)形象性

审美教育是情感教育。没有情感的触动,就谈不上情感教育。要触动情感,就不能靠单纯的说教、理性地推理这些在德育、智育中常用的方法,而要以具体的、形象的美的事物来做到这一点。

第六章　新时期农村家庭的儿童审美能力培养

以人对自然风光的欣赏为例。虽然观看《桂林山水甲天下》的电视片、参观九寨沟美景的摄影作品展都不是什么难事,还可以在国际互联网上游览美国大峡谷国家公园,观赏尼亚加拉大瀑布,但人们还是不惜花费大量金钱,千里迢迢去游览观赏自然景观本身,以求身临其境之感,闻鸟语,嗅花香,感清风拂面,观自然美之千姿百态。虽然看电视、看照片也可以给人美的感受,但身在美景之中观赏美,才能感受到真正的心旷神怡。美育正是用形象、直观的美的事物作用于人的感官,激发人的情感来达到教育的目的。虽然在德育、智育、体育中有时也借助形象化的方式以达到更好的效果,但只有美育的过程是自始至终与美的形象紧密联系在一起的。美育也正因其形象性而易于被人接受。对尚不具备抽象思维能力的儿童来说,以形象性为特点的美育也就理所当然地成为最早的教育。

(二)自由性与创造力

美育是审美情感的教育。审美情感的重要特点是"自由性"在社会生活中,人们对善恶好坏的认识与评价受社会意识形态的制约,其中的情感因素即道德情感从属于意志,可以说是不自由的。在科学认识中,科学家所拥有的追求真理的热情,发明与创造的冲动,基于观察与实验提出的各种各样的科学假说,都要受到客观规律与法则的制约。其过程中的情感因素即认识情感是为科学认识服务的,因而也是不自由的。一首小诗这样写道:

　　一想到二加二等于四,
　　即非三,亦非五,
　　人心曾经长受苦,
　　还要长受苦。

对比道德情感和认识情感的不自由,审美情感则是完全自由的。"一千个人就有一千个哈姆雷特",对《蒙娜丽莎》神秘的微笑,认为其圣洁温柔也好,轻浮妩媚也好,都是观赏者的自由。你爱雍容华贵的牡丹,我爱清雅高洁的梅花;你爱听京剧,我爱看芭蕾……因人而异,不能强求。人可以按社会行为规范去行动,按自然科学法则去思索,但不能按任何规则产生爱与恨的感情,即在审美的王国中,人是完全自由的。近代美育理论奠基人席勒说:正是通过美人们才可以走向自由。德意志哲学家康德说:"只有对于美的欣赏的愉快是唯一无利害关系的和自由的愉快。"审美情感的自由特性,就决定了美育是用自由方式进行的,培养人的自由精神的教育。人们正是怀着对美的渴求,自由自在地旅游、读书、唱歌、弹琴、观剧等从中获得美的享受,使心灵得到自由舒展,在轻松愉快之中受到教育。美育的这特点,使它成为孩子们乐于接受的教育,只要父母因势利导,就能收到很好的效果。

与"自由性"相联系,审美情感的另一特性是创造力。只有在创造中,人才能得到自由,情感才能得到满足。从儿童的游戏到成人的艺术创作,这些审美活动无不是人的创造力的表现。通过审美情感的教育,人的审美力提高了,就能领略他人的创造力,再进一步激活自己的创造力,并将这种创造力表现出来。

因此,在日常生活中,培养孩子的创造个性,使他们不但成为生活美的欣赏者,更成为生活美的创造者,成为家庭美育的重要内容。

第二节　家庭生活环境的审美功能

一、家庭美育的形式

第一任美育施教者就是家庭成员,这就使家庭美育在人的整个美育过程中占有独特的地位,发挥着十分重要的作用。家庭美育的形式大致有胎儿美育、游戏—艺术美育、环境美育。

(一)胎儿美育

胎儿美育就是指运用特殊的方式,对母腹中的胎儿进行的美育。但是,不要狭义地把胎儿美育理解为只是对胎儿进行美育,实际上,它还应包括对胎儿的母亲——孕妇施行美育。胎儿与孕妇是一体的,对胎儿施行美育往往是依靠孕妇来施行的,对孕妇施行美育也自然会深刻地影响到胎儿,因此,胎儿美育可以分成孕妇的美育与胎儿的美育两方面,

第六章　新时期农村家庭的儿童审美能力培养

这两方面是相辅相成的。

1. 孕妇的美育

孕妇与胎儿不仅身体相连,而且还心心相连、息息相通,孕妇的情绪、精神状态会波及腹中的胎儿,使胎儿有所反应。因此,孕妇的情绪、精神状态是否良好,对胎儿身心健康有十分重要的作用。

孕妇需要选择和谐、优美的审美环境。孕妇的居住环境与房屋布置要体现出和谐、优雅的审美原则,如室内壁纸地毯要选择柔和的颜色、清雅的花纹,各种生活器具要轻便雅致,墙壁上应悬挂一些天真活泼的儿童画和宁静秀丽的风景画。孕妇每天要听一听优美动听的乐曲,如轻音乐、小夜曲、摇篮曲等,看一些轻松、愉快、赏心悦目的小说和电影,避免看那些粗俗、猥琐、悲惨、怪诞的作品,以免受到刺激,造成不必要的心理紧张。还可以去公园、田野散步,呼吸新鲜空气,在楼阁庭院、花木丛中,获得心旷神怡的审美愉悦。孕妇应尽量利用空闲时间,选择一些轻松、活泼的艺术作品进行欣赏,这样不仅可以充实自己,而且也能使怀孕期间过得非常愉快。生活中免不了有烦恼、苦闷,孕妇应排除不良情绪,以审美欣赏来调整自己的情绪,尽量保持一种愉快的心境,维护自己的身心健康。

2. 胎儿的美育

随着现代科学的迅速发展,胎儿美育的重要性不仅为愈来愈多的人充分认识到,而且也为愈来愈多的事例所证实。尽管胎儿还未完全成熟,但他已具有各种奇异的潜在能力,如有感觉、有情感能记忆、能学习,还具备一定的理解能力。他会对母亲的情绪和感觉做出适当的反应,会对母亲唱的歌或亲切话语留下记忆,并在一定程度上理解母亲的思想感情。

听音乐是对胎儿进行美育的主要方式。轻快的节奏、优美的旋律不仅能感动孕妇,也会感染胎儿。柔和的歌声轻松的曲调会给胎儿以和谐感和安宁感,使胎儿对音乐发生强烈的兴趣,并把乐曲的节奏、旋律甚至整支乐曲铭刻在记忆里。现在已有资料表明,一些天才的音乐家之所以对音乐一见钟情,并且能准确地记忆乐曲的旋律,在一定程度上都依赖于早期的听音乐。因此,对胎儿进行美育,采用听音乐和听母亲唱歌、弹琴等方式是非常有效的,值得提倡。

（二）游戏—艺术美育

对于婴幼儿，施行美育的主要形式应是游戏，此外还有讲童话故事绘画听音乐、跳舞等，我们把它们合称为游戏—艺术美育。这种游戏—艺术美育是把美育与智力教育、道德教育、身体训练融合在一起来进行的，它能使孩子的注意力、观察力、想象力、审美能力等多种能力协同发展，为孩子的全面发展打下基础。

1. 游戏美育

做游戏是幼儿审美活动的基本方式之一。游戏是幼儿通过同化作用来改变现实，以满足自己某种需要的活动，它既无强制性又无惩罚性，是幼儿的一种自我表现方式。根据年龄大小，游戏分四种。

在1岁至2岁时出现的是最初的游戏，称练习性游戏。2岁至3岁后出现的是一种象征性游戏，又称伪装的游戏，如小孩儿佯装入睡、让娃娃吃饭等，它具有颠倒角色和自我解放等作用。其次就是带规则的游戏，孩子与成人可共同参与，需制订大家遵守的规则来进行。最后是构造性游戏，它已介于游戏与非游戏活动之间了。游戏活动的形式多样，可根据儿童的年龄及具体情况来选择，以适合于他们的心理特点，促进他们的身心健康。

2. 艺术美育

这里所说的艺术美育主要是针对婴幼儿而言的，施教者主要是婴幼儿的父母、祖父、祖母、外公、外婆、保姆以及幼儿园的教师等。讲童话故事、绘画、音乐、舞蹈等是向婴幼儿施行美育的重要方式，它们不仅能培养孩子浓厚的兴趣爱好，而且能为其以后的美育活动打下基础。

（1）讲童话故事

童话对于幼儿的想象力有着重要的促进作用，它不仅能使幼儿聚精会神地听，感受到快乐，而且还能使幼儿入迷于幻想的世界，使其想象与情感得到极大的满足。童话世界尽管是虚构的，却具有拟人化特点，由于幼儿的天真与好奇，他会轻而易举地进入童话意境。他会以为，在现实世界之外，还有一个需要智慧、意志和勇敢等精神来支配的世界，只要他在想象中获得这些优良品质和精神，就能支配这个童话世界。这

第六章 新时期农村家庭的儿童审美能力培养

样,孩子的愿望、想象、情感、智慧等会通过童话发展起来,并运用于自己的游戏、绘画等活动之中。

（2）绘画

绘画是幼儿非常乐意参与的一种有趣味的活动。幼儿在画东西时极为专心,他不仅因这种有节奏的、看似机械的涂抹活动感到愉快,而且还对画在纸上的痕迹产生强烈的兴趣。在这种活动中,体现着他们的独立性、创造性,渗透着他们对世界的观察和想象。

（3）音乐、舞蹈

音乐、舞蹈是幼儿美育的重要形式。音乐能增进儿童天性中诗情和想象的成分。乐曲是人类感情的语言,它传达给儿童心灵的不只是世间的美,它还展现了人的伟大和尊严。它帮助儿童在美中去理解、发现感受生活的快乐。它是培养儿童理智和创造力的无与伦比的手段。舞蹈可以帮助儿童感受节奏、韵律和形体姿态之美培养儿童对美的表现力和创造力,促进儿童形体的健美。因此,培养幼儿对音乐、舞蹈的爱好与兴趣,注意对幼儿这方面的教育和训练,是幼儿美育的重要任务。

（三）家庭环境美育

家庭环境美育包括三个方面:一是指家庭布置与装饰的美育;二是指家庭日常生活的美育;三是指家庭日常氛围上的美育。

1. 家庭装饰美育

家庭是人休息、生活的场所,应该布置得整齐、清洁、舒适、美观。无论家居生活用品的选择,还是室内布置与装饰,都要讲究整体协调、和谐。家庭又是最具个性化的空间,应该通过布置和装饰来显示个人的审美趣味与兴趣爱好。孩子的房间应富于童趣,有鲜明的色彩和一定的活动空间,还可以鼓励孩子一起参与设计、布置。

2. 日常生活美育

人的审美情趣会通过日常生活表现出来,穿衣打扮、言谈举止、待人接物、饮食起居都渗透着人的审美趣味,体现出人的文明、修养与素质的高低。因而,在日常生活中养成良好的习惯,形成文雅的举止,服饰得体,言谈文明,待人礼貌,有助于培养一个人高尚、美好的心灵。对于未成年的孩子来说,日常生活的美育显得更为重要。家长应通过家庭的平凡生活,一点一滴、潜移默化地对孩子进行审美教育,培养孩子健康的审美趣味。

3. 日常氛围美育

家庭中的日常氛围对家庭美育也是非常重要的。如果整个家庭都充满着和谐、温馨、幸福的氛围。那么,作为家庭的每个成员都会受到影响,都会沉浸在这种氛围里,并且努力使自己的一言一行加入创造或保持这种氛围的行动之中。例如在家庭中形成一种互敬互爱的氛围,不但有助于孩子的成长,而且也会影响他通过自己的言行来表示其对长辈的尊敬与爱。如果家庭成员都亲密和睦、互相关心、互相爱护,就会创造出一种和谐、温馨的家庭氛围,从而温暖每一个人的心。

(四)成年人和老年人家庭美育

当一个人走出学校,步入社会之后,虽然大部分时间投入工作和事业上,但到了一定年龄,绝大多数人都要恋爱、结婚,并承担起构建一个敬老爱幼、夫妻和睦、居室整洁、陈设典雅、文化氛围浓厚、温馨甜美的家庭的责任。成年人有责任创造一个良好的家庭美育环境,使家庭每个成员生活在美好的环境之中,情感和心灵处处得到陶冶和净化。

美育对老年人的健康长寿是非常重要的。老年人离不开美育。每个家庭及全社会都要尊敬老年人、关心老年人,要为他们创造美好的生活环境和活动的场所,使他们随处感受到美。与此同时,老年人也要保持平静乐观的心理情绪,养成健康有序的生活习惯,积极参加老年社会活动和文体活动,根据自己的兴趣爱好选择著书立说、绘画书法、赋诗作词、种花养鸟、钓鱼下棋、弹琴唱歌、操拳练功等活动,丰富生活内容,强身健体,怡情悦性。

二、家庭美育的特点

家庭美育是人生美育的开始,它的重要特点是:时间最为持久,对人的影响最深。

第六章　新时期农村家庭的儿童审美能力培养

（一）家庭美育对人的影响时间最为持久

人生自家庭始,经学校、社会后,一般也终止于家庭。家庭既是人生的起点,又是人生的终点,它构成了人生的一个循环。因而家庭美育是人生美育中时间最为持久的一个重要环节。

当人尚未出生,还在母腹中躁动之际,母亲就开始对他进行胎教。孕妇听音乐、歌谣以及其审美情感的激发,都会对胎儿产生感染,可见,胎儿的父母是第一任美育施教者。

孩子呱呱坠地后,就正式成为家庭中的一员。他的婴幼儿时期大都是在家庭中度过的,而婴幼儿美育是人生早期美育的关键,也是家庭美育中的重要时期。由于学校美育具有计划性、系统性等特点,学校美育便成为人生美育的骨干。

不过,学校美育的出现并不意味着完全取代了家庭美育,实际上,它只是为美育开辟了一个新天地、新领域。家庭美育并未因为学校美育的出现而丧失自己的作用,恰好相反,尽管学校美育有家庭美育难以相比的长处,然而,家庭美育仍然具有学校美育难以取代的功能。家庭仍是儿童生活、休息的地方,他们的相当一部分时间仍然是在家庭中度过的。这样,学校美育与家庭美育只会相互补充,而非相互排斥,二者应当配合默契,相辅相成。

人一旦从学校走入社会,美育的重要场所又从学校转移到了社会。社会美育具有范围广、信息量大形式多样等特点,为整个人生美育工程提供了广阔的历史舞台。社会美育的出现在一定程度上取代了学校美育,但并不意味着它完全取代了家庭美育。实际上,它只是为美育开辟了一个新天地新领域,家庭美育同样未因社会美育的出现而丧失自己的作用,恰好相反,尽管家庭美育在一些方面不及社会美育,但它仍然具有社会美育难以取代的功能。人在结婚、生孩子后,家庭美育会因新家庭的组成而增添新的内容,焕发新的活力。

不管人在社会上的工作多忙,他的相当一部分时间仍将在家庭中度过。人作为一个社会成员,必须为社会贡献自己的力量,在社会美育中不断完善自己,使自己成为社会中的优秀一员。而作为家庭中的一员,人必须用自己的双手来美化自己的家庭。人会以自己的思想行为、审美趣味影响整个家庭的成员,也会受家庭中其他成员的思想行为、审美趣味的影响,同时,人还面临着如何对自己的下一代实施美育的问题。因此,即便是人进入了社会,家庭美育仍是美育的重要环节。家庭美育贯穿于人的一生,丝毫不因社会美育的重要而改变自己的地位,可见,它是人生美育中时间最为持久的环节。

(二)家庭美育对人的影响最为深广

家庭以婚姻和血缘关系为基础,因此,家庭美育要比学校美育、社会美育更为亲切、更为自然,影响也更为深广。历史上许多伟大人物的经历都证实,他们之所以长大后能成才,往往与其早期的家庭教育密不可分,与家庭美育密切相关。如鲁迅、郭沫若、茅盾等著名文学家,早在幼年时期,就在家长的影响下,熟读了不少古典诗词,阅读了一些古典名著。这让他们对文学产生了浓厚的兴趣与爱好,为他们以后成才奠定了基础,使他们矢志不渝地献身文学事业。歌德之所以成为伟大的文学家,也与其幼年时期家庭的良好教育分不开。他的父亲经常带他去田野和花园游玩,参观各种建筑;他的母亲经常给他讲故事;他的祖母则在他4岁多时,送给了他一座木偶戏院,他在很小的时候就能自己编写剧本、自己排演,在想象的天地里驰骋。这些事实告诉我们,家庭美育对一个人的兴趣爱好、审美趣味以及事业的选择都有重要作用。

家庭美育在实施时往往显得非常自然、非常亲切。施教者作为受教者的亲人是在一种和谐、愉快的家庭氛围中,极为耐心地反复施教。唤起对文艺的浓厚兴趣,并且极为乐意自愿地参与家庭成员的美育活动,这就使家庭美育对人的影响十分深远。

家庭美育的实施,父母起着决定性的作用,父母的文化知识水平与审美趣味深刻地影响着孩子。因此,作为父母,应该不断地提高自己的审美修养,不断地提高自己的文化素质,在家庭中创造出良好的家庭氛围,在言论和行为上做出表率,对孩子言传身教,做一个合格的家庭美育教师。

三、家庭美育的主要途径

现代心理学研究证明,儿童时期,抽象思维尚未真正形成,掌握的概念也很少。他们对知识的吸收主要依靠直观的形象。因此,良好的家庭

第六章 新时期农村家庭的儿童审美能力培养

环境,形象的玩具和内容丰富的游戏,丰富多彩的家庭文娱活动,适宜的家务劳动,游园参观等,就成为这一时期审美教育的主要途径。

(一)创造良好的家庭美育环境

家长首先要事事以身作则,给小孩儿创造一个良好的家庭生活环境,使他们耳闻目睹的都是美好的事物,受到良好的影响,如家人尊老爱幼、和睦亲切、言行文雅、勤劳节俭,对邻居团结友爱,对来客热情周到,另外,家庭居室装饰雅致,家具造型色彩美观,陈设整洁优雅等,都可诱导孩子形成良好的习惯和美的品德。

(二)引导孩子做游戏

要给孩子提供形象生动和内容丰富的各种玩具,引导和帮助孩子做既有一定趣味又有积极意义的各种游戏。蔡元培说:"游戏,美育也。"美国美学家加登纳认为,游戏是儿童成长发展的一个关键成分,"是发展的不可替代的伙伴,是发展的基本运动"。游戏可以使儿童身心获得一种解放,在忘我的境界中,充分发挥想象力、创造力,在无拘无束中发展自由向上的精神,汲取美的甘露,塑造良好的品格和健美的体魄。

(三)开展丰富多彩的家庭文娱活动

要针对不同年龄段儿童的接受能力和兴趣,引导孩子积极参加丰富多彩的家庭文化娱乐活动,如学儿歌、讲故事、看图认字、唱歌、跳舞、听音乐、看动画片、学书画、学琴等,使孩子既培养了一定的能力,又在浓厚的家庭生活艺术氛围中,受到熏陶、感染,培养高尚的审美趣味,提高审美能力。

(四)要求孩子参加适当的家务劳动

在日常生活当中,教育孩子从小热爱劳动、尊重劳动和养成勤劳的习惯,让他们自己动手做力所能及的事情,如美化他们的居室和学习环境,洗自己的餐具和小件衣物,参加打扫卫生、种菜养花、浇水等家务劳动；绝不能娇生惯养，使孩子成为饭来张口，衣来伸手，不知财富从何来，不懂劳动为何事的"小皇帝""小公主"。

（五）带领孩子游园参观

人是大自然中的一员，又是社会的主体。利用节假日带领孩子游公园、郊外游玩、登山、参观等，从小培养他们热爱大自然、热爱社会、热爱生活、热爱美好事物的浓厚兴趣，并从中陶冶情操。

第三节　艺术熏陶与儿童审美能力培养

艺术是生活的反映，艺术美是源于生活美的创造美，因而具有特殊的审美价值。带孩子步入艺术美的殿堂，可以培养孩子的感性趣味和审美感受力。

一、音乐艺术与儿童审美能力培养

（一）音乐的艺术美

音乐艺术在一定时间的发展之后，可以说是已经进入了千家万户，音乐本身是具有美感的，它通过不同的音乐形式向外界传播着不同的美。当音乐的美感通过家庭音乐教育进入人们的思想中，这种美就有了一定的驱动力，它带着我们走向更加具有个性的、更加文明的，也更加具有力量的精神世界。

音乐本身具有的美感，是在向儿童传递音乐知识的课程教育中不断传授美的体验，从而对美有了一定的认知。家庭音乐教育的本质和价值取决于音乐艺术的本质和价值。对于教者和学者，对于因受到教与学的因素制约的人来说，家庭音乐教育的特征展现是由于音乐的本质在驱使。家庭音乐教育是一种培养儿童感官感知力的教育，它有自己的意识和特点，而恰恰是音乐有了独特的意识和特点，家庭音乐教育才具有了独特的魅力。家长在引导孩子聆听音乐的同时也应该注重音乐本身的意识特点。音乐与美术一样，是一种具有美感的艺术，这种艺术学科本身存在着一种潜在规则。

1. 音乐是听觉中的艺术

音乐是声音艺术，也是一门听觉艺术。听觉作为音乐与语言之间的媒介，有着不可替代的重要作用。音乐怎么发声，这与各种制作乐器的材料有关，木质、金属、丝质材料通过体鸣、气鸣、弦鸣等不同震动模式以及吹、拉、弹等演奏方式创造出不同的音乐，塑造出不同音乐的不同美感。由于音乐塑造选择的材料等不同，音乐也有了不同的选择性。

演奏音乐的乐器多种多样，不同的乐器产生出不同的音色，儿童从而感知到不同的音乐内容。乐器的演奏构成了音乐，听觉使儿童可以听到音乐，并感知到音乐的韵律与内涵。音乐和语言文字不同，语言文字可以使儿童直接获取信息。同样的音乐，每一名儿童的感受却有可能千差万别，这是因儿童的音乐感知力不同引起的。有的儿童拥有音乐天赋，他可以敏锐地获取音乐中存在的内涵，有的儿童略显迟钝，只能靠后天培养才能了解其中深意。因此，家庭音乐教育的存在是必要的，它是塑造儿童音乐听觉的必要条件。

2. 音乐是时空里的艺术

波兰作家李贝尔特所著的《美学》一书中，对于美的艺术有着这样的解释，时间的艺术就是在时间中开展的艺术，如诗歌、舞蹈及音乐。音乐是随着时间开始和结束的，随着时间的流逝，音乐也会随之结束，总结来说，在一定意义上可以说是音乐是需要花费时间的。儿童在一定的时间内享受音乐，音乐的内容在表演期间得到展现，音乐与时间是息息相关的。这种源于音乐与时间共存的状态是李贝尔特眼中的时间艺术，这是具有时间特征的艺术形式包括诗歌、舞蹈等，都需要通过时间来表现其本身所蕴含的某种意义。

3. 音乐是抽象的艺术

音乐这门艺术不像是诗歌文字，可以通过直观的文字叙述或者情景朗读使儿童直观地感受到其中蕴含的美感。音乐是难以准确表达的，儿童只能通过耳朵听到的声音来分辨音乐所具有的内在情感。不同的儿童有不同的感觉,同一种音乐每一名儿童也有着不同的感受与理解,这创造了音乐多姿多彩的体验感受。同时,不同种类的乐器创造出的音乐类型也很多,有的儿童偏爱古典音乐,有的儿童偏爱现代音乐,每一种音乐都有着它自由的美妙的韵律,儿童可以在这种无拘无束的自由中充分感受音乐的魅力。

4. 音乐是情感的艺术

诗歌通过深刻优美的文字与抑扬顿挫的声调向人们展示诗歌中具有的情感,小说通过丰富细致的描写及荡气回肠的剧情向人们展示情感出现的原因。诗歌、小说都是通过直接的方式向人们传递某种情感,但音乐却是间接的。不同的乐器材料创造了不同的音色,不同音乐的结合创造了多变的音乐,人们在享受音乐时,需要通过自身的联想对音乐所表现的内涵进行自身的独特认知。音乐的认知是一种带有强烈主观色彩的艺术,音乐无法直接向人们叙述情感发生的历程,那些具有深刻意义的音乐内涵只能通过个人感受得以实现,不同的情感体验带来了音乐的不同认知,不同的文化水平对音乐的理解程度不同,所以,音乐的内容具有情感的确定性与对象的不确定性相统一的特点。

(二)音乐艺术与儿童审美

音乐与舞蹈、美术一样,是一种艺术形式,因此家庭音乐教育本身也与美术教育、舞蹈教育一样,属于艺术教育。

艺术教育,是通过美术、文学、音乐等艺术手段和内容进行家庭审美教育活动。艺术教育的任务是培养审美观念、关于美的鉴赏能力以及展现对美的创造能力。艺术教育是要提高人们对于美的感受和理解,培养对艺术的表现力,尽管艺术教育本身的表现手法与传播途径有差别,但其主旨都是以审美教育为核心。除了艺术教育具有的审美功能外,还有其他共通属性。了解艺术教育存在的情感共性有助于我们了解家庭音乐教育的特性,并对家庭音乐教育这门学科有一个更加深入且更加全面的了解。

第六章　新时期农村家庭的儿童审美能力培养

1.音乐与儿童实现情感共通

情感是人在面对不同的事物及事件时,对其进行判断后,是不是能够满足自己的心理预期产生的一种心理反应。儿童能否对音乐产生一定的情感共鸣,这种共鸣是否直击心灵,是衡量艺术作品是否成功的重要标志。因此,这种情感共通性在家庭艺术教育中是有重要意义的。

不同的音乐曲调表达这音乐的不同情感,情感作用于人类精神世界,并通过艺术的形式反映现实并对儿童的心理造成影响。悲伤的音乐会感染产生儿童的悲伤情绪,欢快的音乐会感染产生儿童愉悦的情绪,悲壮的音乐会感染儿童产生悲壮的情绪,音乐独有的感染力是其具有的极强魅力。儿童可以从音乐中感受情绪,也可以通过音乐抒发自己的感受,将自己的感受融入音乐中,音乐本身便具有了创作者的灵魂,创作者本人所具有的情感力量融入其创作的音乐中,这是一种创作者自我的实现,是通过音乐其他人交流的过程,所以音乐具有一定的社会性。

真正的音乐是最贴近生命本质的,由此也是最能打动人心的一种艺术。音乐与舞蹈一样,都具有艺术美感,这种艺术美感造就了一种更为高级的情感表现。音乐是与人生紧密相连的,随着人类的发展而发展,展现着真实的人格。音乐本身所具有的情感体验也比其他艺术更加贴近人生。任何一个没有生命特征的乐符都会让音乐演奏显得枯燥乏味。歌唱家必须把内心深处的情感传递给听众,在演奏的过程中,听众需要能够从中了解并接收到音乐所表达的情感内容。没有情感,只有技巧的歌唱家是不可能成为一个卓越的艺术家,没有情感的音乐也不会为大众所认知认可。

音乐是有情感的。家庭音乐审美教育需要以情感为主轴线进行教育,这种动人的情感需要时刻使学生能够体会到。歌唱家通过独特的嗓音、抑扬顿挫的音调使人们感受到其中蕴含的情感,音乐通过不同材料的器材,不同的演奏方式奏出不一样的乐章,他们都是极具艺术感染力的。家庭音乐教育旨在教会孩子如何辨别美、培养正确的审美观念,低劣的音乐会使家庭音乐教育本身走向偏差。

2.音乐让儿童学会创造艺术

像家庭音乐教育这样的艺术教育是为了提升儿童的审美,使儿童对音乐等艺术具有一定的感知力和理解能力,除此之外,还需要培养儿童表现艺术以及创造艺术的能力。理解认知需要在其具有一定的基础知识上进行,而艺术的创造和表现则需要在一定的技艺掌握上才能有所创新。由此,音乐的技艺性也是不容忽视的。

家庭音乐教育如果单纯地只进行审美教育,那么家庭音乐教育只能是比较浅薄的教育,单纯的音乐感受体验需要在具有一定的技艺技巧能力的基础上才能更好地体会。音乐的创作需要技术技巧加持。只会阅读而没有写作技巧的人写不出好的文章,只会听音乐没有创作技巧的人创作不出好音乐。为了更好地进行音乐创作,需要在家庭音乐教育中进行技能技艺传授。对于家庭音乐教育需要重视技巧技能的要求,这就需要家校合作,即让孩子融入学校教育中。良好的听力是欣赏美妙音乐的基础,音乐的技术能力的培养正是为了能够训练听力,更加清晰地听到音乐中存在的问题。音乐需要儿童多方面进行学习,音乐的内容非常多,包含了很多技术。音乐作为艺术的一种表现形式,是需要通过一定的表现形式和内容展现才能被人们感知的。美是音乐必要属性,没有美,音乐也就没有了可欣赏性,成了技术拼凑出的伪作品。

3. 音乐让儿童体会独特的形象美

人类生活的世界是一个形象的构成——是一幅巨大的、有声有色的立体画卷。对于这个画卷的反映,艺术和科学都遵循这两个不同的定律来进行:艺术是外在的表象,科学是内在的抽象。艺术追求的是美,科学追求的是真。每一门艺术都有自己独特的艺术形象,没有形象,就没有艺术。所以,艺术教育的过程中也需要有形象鲜明的艺术形象作为基本教学内容。

德国著名哲学家黑格尔说过:艺术形式就是诉诸感官的形象。在音乐中,不同的物质材料的拼接匹配组成了不同的乐器,不同的乐器演奏出不同的音乐。音乐是看不到摸不着的,它本身没有任何的语义解释,我们此刻讨论的音乐的形象美并不是单纯认知和肯定,而是更多意义上对家庭音乐教育本质的讨论。

音乐的感受只能够依靠耳朵的听觉来实现。这种不是眼睛可以直接看到的感觉,也没有特别难以理解的抽象问题,是需要通过了解音乐中所传递的情感来进行联想想象的,在联想和想象中更加详细地体会到音乐其中蕴含的价值。音乐本身的艺术形象还没有具体的概念来描述。

相传我国古代的大音乐学家俞伯牙和他的老师学习多年,也只学到了技术,音乐本身还是缺乏感情,为此,他的老师把他带到蓬莱山下,让他独自一人体会河流、山峦、群鸟,从而引发他的无限感慨,于是俞伯牙才创造出了一首充满情感的《水仙操》。音乐教育的形象特征有助于学生更加清晰地感受音乐本身魅力。因此,很多音乐教材中都将音乐更加具体化以便更好地传授,这也证明了音乐形象是真实存在的。

将家庭音乐教育做得更加具有形象特征,使得儿童更容易领会其中深意,更加容易感知到音乐中存在的内涵,这也是每一名儿童进入音乐世界的一块敲门砖。家长以更加具象的、直观的方式进行引导,不仅只通过听觉,还寻找其他视觉等方式进行音乐感受,加以联想想象来对音乐进行更加深刻的理解和感受。音乐作为情感输出的一个关键性媒介,是需要通过不同的音乐表现形式将情感与之相连。这种情感传输是与音乐教育的形象分不开的。

4. 音乐让儿童感受愉悦

所谓音乐的愉悦性,多指的是乐音引起儿童主观精神上的愉快的情感体验。艺术的愉悦性是双向的,是儿童对于艺术同样的内心满足感。正是由于这种艺术愉悦性的存在,才有了艺术教育中的"寓教于乐"规律。音乐也具有人的这种特征,在不断地奋求中得到满足。音乐本身具有的审美性是需要一定时间沉淀的,从而形成一种自我意识的美的感受。在家庭音乐教育中,艺术的愉悦性是一种本身的教育力量,音乐通过愉悦性感染着儿童的心灵,这种带着快乐的教学,使儿童体会到了音乐的美感。相反,音乐独特的美感也使得音乐具有了这种愉悦性,两者相辅相成,创造了更加理想的家庭音乐教育成果。

音乐的愉悦性是分为很多层次的,最浅层的是感官上的愉悦,然后是心灵上的愉悦,最后是灵魂上的愉悦。家庭音乐教育不能把教育仅仅放在感官这种浅薄的层面上,需要往灵魂深处走,通过家长的引导作用,把音乐上升到更高的层次上,只有这样,儿童才能更好地领悟到音乐存在的内涵,更深刻地体会音乐本身的美。

(三)农村家庭音乐教育存在的问题

1. 传统教育理念影响根深蒂固,对当代教育理念缺乏了解

农村传统观念普遍认为,知识随儿童年龄的成长而自然掌握,儿童只需要学校教育,不需要家庭教育,对儿童进行家庭音乐教育不被认可,落后教育理念束缚了农村学前儿童家庭音乐教育的发展。

2. 家长素质参差不齐,隔代教育盛行

在农村家庭中,家长受教育程度普遍不高,隔代教育盛行,父母常年在外打拼,儿童的"空巢"现象普遍,农村教育环境较差等因素都造成多数农村家庭对学前儿童家庭教育不够重视,无法做到有效促进学前儿童音乐教育的发展。

3. 学校、教师进行的音乐教育占主体,家庭音乐教育占少数

例如,济南市农村家庭学前儿童家庭音乐教育调查数据显示,济南市农村家庭儿童接受音乐教育主要是在幼儿园进行。儿童受到的音乐教育多以教师课堂教学为主,学校教育也存在教师设计音乐活动较少等问题,不利于儿童音乐教育的发展。

儿童家长对音乐知识了解不充分,难以对儿童进行音乐启蒙教育。根据调查问卷显示,仅有5%的家长具有教授儿童基本音乐知识的能力,且在家庭中开展过音乐教育;10%的家长给孩子报课外培训课对儿童进行音乐教育;80%的家长认为在家庭中进行音乐教育没有实质性效果,且学校所开展的音乐课程足够提升儿童的音乐素养。

4. 音乐教育氛围不浓厚,形式过于单一

农村教育氛围不浓厚、学习环境差、没有适宜的家庭音乐教育环境及设备等因素造成儿童音乐教育开展较为困难。农村儿童音乐教育多以幼儿园教师为主,以课外兴趣班为辅来开展农村家庭音乐教育,形式过于单一,农村的家庭音乐教育较为少见。

第六章　新时期农村家庭的儿童审美能力培养

（四）农村家庭音乐教育问题的建议

1. 家长必须树立正确的学前儿童教育观

家长要树立正确的学前儿童教育观念并掌握方法。结合儿童爱玩儿、好动、好奇的相关特点进行有针对性的家庭教育活动,激发儿童的兴趣,培养儿童的爱好。家长的态度会直接决定儿童对音乐的喜爱程度以及儿童对音乐的接受程度。

2. 为儿童创造良好的家庭音乐教育环境

家长可利用现有资源对儿童进行音乐教育,通过拍手、跺脚、敲击物体、摇铃等日常行为随时对儿童进行音乐教育；家长应有意识地查找儿童喜爱的音乐,让儿童真正喜爱上音乐；家长可与儿童进行唱歌、舞蹈、游戏、体育锻炼等良性互动,潜移默化地提升儿童对音乐的感知能力。

3. 培养儿童对音乐的兴趣与爱好

家长应及时观察儿童的行为举止,询问儿童的意见想法,了解儿童所思所想,从而更好地开展相关家庭音乐教育活动。充分了解儿童的兴趣爱好,多次开展儿童感兴趣的音乐活动,从而使儿童树立自信心,增加儿童的自豪感,激发儿童对音乐的兴趣。

4. 家长应提高自身的艺术素养

家长应以身作则。儿童喜爱模仿,家长的一举一动无不影响着儿童的行为习惯,此时,家长有意无意地对儿童进行音乐培养,将会对儿童以后的发展产生很大的影响。

二、舞蹈艺术与儿童审美能力培养

舞蹈作为一种动作艺术,集时间性、空间性、综合性于一体,又结合音乐的感受、审美的眼光和情感的表达来表现人类丰富的情感世界。因此,在家庭教育中儿童审美能力的培养离不开舞蹈。

(一)儿童舞蹈的含义

儿童舞蹈是指通过对儿童动作的提炼与加工,在此基础上通过运用舞蹈的语言、表情、节奏和构图等等创造出能够表达儿童情感的舞蹈形象的一种艺术形式。儿童舞蹈根植于儿童生活的土壤,童稚但绝不简单,既是舞蹈艺术的一个重要组成部分,也是儿童思想与审美的积极表现,对于儿童身心的成长来说有着重要的作用。

(二)儿童舞蹈的特点

1. 直观性

舞蹈是一种视觉艺术,从舞蹈动作表现,到服饰、道具的运用,都是在直观地向外展示一种艺术形象。这十分符合儿童身体和心理的发育程度,他们的大脑思维对外在的、形象的、具体的事物接受程度较高,也较容易理解。因此,儿童舞蹈的语言形象必须是直观、简单的。只有将舞蹈所呈现的内容直白地展示给儿童,他们才能看明白、弄清楚,进而才能表演好,小观众才能接受。例如,当你手腕做正反交替翻动时,孩子们会想到这是星星在眨眼;当你上提下压手部做波浪式运动时,孩子们会想到是鱼儿在游动;当你张开双臂在身体两旁上下起伏时,孩子们会想到是鸟儿在飞翔;当你双手握拳,将手背放在眼睛上来回擦拭,儿童就知道这是小孩子哭了;当你把手臂伸直放在身体两侧,掌心向下,并左右摇摆地走动时,儿童就知道这是小鸭子在走路。

2. 模仿性

儿童的成长历程一般都是由模仿开始的,从语音到表情,从行走到跑跳,无不渗透着模仿的过程。模仿是儿童的主要学习方式,他们往往通过模仿来学习别人的经验并对外界形成各种认知。儿童的好奇心强,他们感兴趣的都会去模仿,小动物、植物及各种玩具都可以成为他们的模仿对象。尤其是自然界的各类小动物,飞的、跑的、跳的,以及村寨中的鸡、鸭、猫、兔,都是他们模仿的对象,并从中寻找乐趣,显现童心、童趣的儿童特点。

第六章　新时期农村家庭的儿童审美能力培养

儿童舞蹈《我是解放军》,就是通过儿童模仿解放军的训练动作,来表达孩子们长大想当解放军的愿望,他们时而模仿训练时的起立和敬礼,时而模仿实战训练的匍匐前进,时而模仿防御敌人的翻滚动作和射击、卧倒、开炮、突击、奔跑等,一本正经的模仿样既让人忍俊不禁,又不得不佩服小小男子汉的英勇善战,矫捷灵活。由此可见,儿童舞蹈活动中所揭示的知识性内容就是模仿所提供的,模仿性是儿童舞蹈的重要特点。儿童小歌舞剧《这里的春天最美丽》,以多种海洋动物类的模仿舞段,形成了它特有的艺术品格。如太空中天狼星、海王星、火星、木星、彗星的舞蹈;海域中水母、珊瑚、章鱼的舞蹈;森林中小鸟、小猴,梅花鹿的舞蹈等,都真切地反映了孩子们善于模仿的情趣。又如,儿童舞蹈《我和奶奶扭秧歌》,通过左半身为本我,右半身为奶奶的打扮,以突出后者为主的艺术布局,学奶奶扭起秧歌的形态;儿童舞蹈《小小粉刷匠》学装修工人骑车上班、粉刷墙体的形态;均属于从模仿角度直叙儿童特点的艺术典型。

儿童舞蹈的模仿并不是简单地照搬,而是通过拟人化的艺术手法展现一定的思想内涵。例如,儿童舞蹈《小蚂蚁》采用模仿的手法展现出小蚂蚁齐心协力寻找食物的场景,让儿童充分体会到团结的力量。儿童舞蹈的模仿性使儿童舞蹈更加贴近儿童生活,具有更强的感染力。

3. 童真性

舞蹈源自情感的流露和迸发,而儿童舞蹈正是源于孩子们纯真、稚嫩的情感。儿童对待自然界的一切事物,都有着与成年人不同的思维方式,孩子们纯净的心灵和情感是他们"天然"的属性,毫无掩饰地表露则是儿童纯真情感的体现方式。儿童舞蹈正是以展示儿童纤尘不染的纯真为妙,用这种最直接、最生动而且又最充足的方式表现着儿童的情感世界。

儿童舞蹈之所以能吸引儿童就在于其故事、情节、人物、形象、色彩、音响等艺术内容、艺术手段都适应儿童的心理生理与思维特征。"纯真"带给孩子欢乐和愉悦,与孩子们的生活、思想、情感相沟通。这一个个美丽、生动、新颖的儿童舞蹈,就像一股股"泉水",缓缓流入孩子们的心田,孕育着他们的成长。

儿童经常把一些无生命的玩具或物品看成是有生命的朋友,如把自己当成娃娃的妈妈,带娃娃看病、唱歌哄娃娃睡觉等。儿童舞蹈应以儿童的视角探索世界,从他们的生活中选取舞蹈题材。儿童舞蹈质朴的品格、清新的个性,流畅的语言、活泼的节奏和童心童趣,构筑起儿童舞蹈艺术的真与美、情与趣、质朴、清新、天真、活泼的美学特征。

4. 游戏性

爱玩儿是儿童的天性,一切游戏活动都容易被儿童接受和喜爱,因此只有儿童舞蹈好玩儿、有趣,具有游戏性,才会让他们更主动、更积极地去参与。

由于儿童心理发展的特征所限,儿童在参与舞蹈活动时,往往会受情感因素的支配,他们对艺术作品的审美体验往往是感性的、直觉的。

儿童天性好玩儿、好奇,在玩儿的过程中,他们会表现出注意力高度集中、情感极端投入等现象。如果家长将舞蹈与游戏和谐统一起来,并围绕某一思想内核,予以肢体的夸张和变形,进而形成饱含儿童情趣、富有舞蹈形态的艺术风格,就能使舞蹈变得生动感人。

在国家大力倡导素质教育的今天,"快乐的舞蹈"是儿童舞蹈教育领域倡导的理念,"快乐"是舞蹈带给孩子们的基本功能之一。所以,很多儿童舞蹈的题材都是孩子们所熟悉的、喜爱的,是具有一定积极意义的、可以用舞蹈表现的游戏生活内容。例如,在儿童舞蹈《小鸡》中,一个大大的箩筐里蹲着一群小朋友扮成的小鸡,他们叽叽喳喳地叫个不停。这时走来一个喂鸡的小朋友解开了箩筐上的纱布,小鸡们一下子都跑了出来,他们高兴地蹦啊跳啊,还兴高采烈地玩儿起了游戏。其中一只调皮的小鸡还偷偷地溜过去啄了一下小朋友的手指。后来小朋友把小鸡重新赶回箩筐,可是有一只小鸡东躲西藏的就是不肯进去……正因为这个舞蹈与游戏巧妙地结合在一起,才使这个舞蹈变得富有趣味性。

5. 童幻性

我们在日常生活中可以看到,儿童在看过一些动画片后会做出其中某些角色特有的动作,这不只是因为他们模仿能力较强,更重要的原因是儿童会幻想自己成为这样的角色或人物,将自己代入其中。"幻想"通常是儿童舞蹈艺术的最显著的标志。在舞蹈中他们可以随时改变自己的角色,时而想象自己成为一只小麻雀,在天空中飞来飞去;时而幻想自己成为机器人,变身英雄,无所不能;时而装扮成一棵大树,被风吹得左摇右晃,等等,这种幻想为儿童的天真和对万物的好奇搭建了

第六章　新时期农村家庭的儿童审美能力培养

桥梁。

儿童的幻想往往是虚拟的,因此在儿童舞蹈中就要用夸张、幽默、比拟的手段将其表现出来。幻想过程中要富有真情实感,对想象的情景要尽可能的简单、直接、详细,这才符合儿童舞蹈艺术的特点。

6. 综合性

儿童舞蹈是以孩子身体动作为主要表现手段,是一门综合的立体的艺术,它融汇了儿童文学、儿童音乐、舞台美术等姊妹艺术的因素,是音乐、布景、服装、道具、灯光、化妆等的完美统一。儿童天性充满了好奇,爱问为什么,喜欢新奇的事物,喜欢趣味的游戏,儿童舞蹈更要力求与儿童生理心理相融,用动听的音乐,优美的舞姿,漂亮的画面,吸引孩子眼球的舞美效果等。舞台上处处体现者儿童舞蹈本体的新奇性与趣味性。不同年龄段的儿童生理和心理特征各有不同,生活内容不同,活动方式不同,对事物的看法和喜好也不同,所以儿童舞蹈所包含的内容必须非常广泛。儿童舞蹈所表现出的直观性、模仿性、童真性以及综合性等特点,都属于一个不可分割的整合体,相互之间既有区别又有联系,既有一定的独立性又有相互通融的渗透性,突出了综合性的特点。因此,针对儿童不同的年龄阶段,也要采用不同的题材和表现方式,只有这样才能适应孩子们丰富多彩的情感和复杂多样的思想。

(三)农村家庭舞蹈教育的任务

1. 培养儿童感受美、表现美的艺术情趣

对于儿童来说,感受美和欣赏美的能力是以兴趣为基础的,兴趣的心理特征一方面是注意与了解,另一方面伴随着愉快的情感体验。如果一件事物能引起他们的兴趣就能够调动起他们浓厚的感知欲,甚至产生主动探索的想法。但同时也要注意,在启发儿童的兴趣和感知力的同时,要注意适合儿童的接受能力以及接受特征。

儿童舞蹈的多样性就是保证兴趣持久的好方法,家长要考虑到自己孩子的年龄特征、接受能力和专注时间,恰到好处地变换形式,让新鲜和好奇激发孩子们的学习兴趣,从而培养他们感受美、表现美的艺术情趣。

2. 培养儿童的社会能力

儿童的社会能力的培养主要是在舞蹈中锻炼儿童体会他人感情和与他人协作的能力。儿童舞蹈教学要在训练形体美的同时,增强儿童的视觉及全身各部位的协调配合能力,增强儿童的集体主义精神和组织纪律性,培养他们独立思考和不断上进的自信心和毅力。

(四)美育视角下农村家庭舞蹈教育的价值

在国家大力提倡加强素质教育、实现人的全面发展的今天,舞蹈成为普通人表达内心情感,从事审美活动,提升人生境界的手段和载体,它在普及艺术教育方面发挥着积极的作用。将舞蹈推广到孩子们的身边,充分发挥这一艺术形式特有的美育功能,有效引导孩子们在高尚的审美与艺术世界中畅游,这应该是舞蹈教育的最终目的。

1. 儿童舞蹈的美育价值

美育是审美与教育结合的产物,是以一定的审美观念为标准,以形象为手段,以情感为核心,以实现人的全面发展为宗旨,按照一种美的标准培养人的形象化的情感教育。1921年,蔡元培先生在其《对于教育方针的意见》中,对美育在整个教育体系中的地位和作用做了全面深刻的阐述,第一次明确了将美感教育纳入教育的基本方针,将美育提升到了培育人格的高度。中华人民共和国成立后,蔡元培先生所提倡的美育思想被进一步地发扬,美育被确立为我国的教育方针之一,成为培养人才的重要手段。

随着时代的不断进步和发展,特别是改革开放以来美育的内涵不断被丰富,美育逐渐发展成为一种综合育人活动,成为一种最具教育本义的,贯穿教育全过程的多内涵、高功能的新美育理念。

儿童舞蹈以儿童动作为语言,反映着儿童的情感和生活,是儿童美育的重要内容。儿童参与舞蹈活动,不仅可以锻炼优美的体态,养成自我的约束能力,形成活泼开朗、热情大方的性格,还能够陶冶情操、开发智力、增长艺术才能,在愉快的氛围中,用身体动作感受舞蹈美、表现舞蹈美以及创造性地表达生活之美、自然之美和社会之美的能力。

由于儿童舞蹈特别强调本体感觉(即依赖于肌肉运动、身体位置、肢

第六章　新时期农村家庭的儿童审美能力培养

体平衡和肌肤触摸等所获得的身体感觉来进行思考和学习），同时兼容了游戏的趣味性、故事的童幻性、美术的创造性和音乐的可见性等艺术特征，能够充分体现以"立德树人、崇德向善、以美育人、以文化人"的美育目标，因此有着极高的美育价值。

2. 儿童舞蹈的美育功能

儿童时期是人一生中重要的阶段，世界观、人生观、价值观也会在这个时期初步形成，因此对儿童的教育显得尤为重要。儿童舞蹈不仅会给他们的幼年留下美好的回忆，还是儿童教育的重要内容和渠道。儿童舞蹈具有认识世界、感受生活与表现美好事物和道德教育以及创造美的功能，是对儿童进行教育的一种非常好的形式。儿童舞蹈的最大特点就是直接用肢体动作语言来表现人物或事件的深刻内涵。其次，形体也得到了很好的训练，是其他教育形式所不能替代的。儿童舞蹈对"真、善、美"的表达，比成人舞蹈更为真实、明朗。儿童的童心与童趣、想象力与内心情感是儿童舞蹈必须强调的，这是与成人舞蹈划清界限的区别，也是儿童舞蹈的精髓。

我们必须认清儿童舞蹈的特点，让儿童舞蹈在儿童教育过程中发挥其独特的价值，使儿童的性格、体质、仪表等方面通过舞蹈活动得到良好的发展。儿童舞蹈具有深刻的思想和哲理主题，对儿童心灵教育和美的艺术熏陶具有课本知识及其他形式所不能替代的价值和作用。

3. 儿童舞蹈的美育意义

（1）智力的发展

儿童舞蹈对儿童智力的发展有着重要的作用，一方面儿童天生就有爱动、爱跳的特点，创造力和想象力都极为活跃，另一方面在儿童的认知习惯中，喜欢依靠表象来感知事物，直觉感觉处于重要的发育期。

儿童在参与舞蹈活动的过程中，通过模仿各种动作、姿态和造型，不仅能够感受、体验舞蹈的美，获得对整体与部分、部分与部分关系的认知，而且还能够获得对动作美的感知，获得美的身体姿态。儿童需要在音乐的起落中完成各种身形的转换，合着音乐的节拍呈现灵动的舞姿，这些都需要他们具备较强的观察力、记忆力、领悟力、模仿力及表现力。对儿童进行舞蹈教育，可以在反复多次的学习、排练和表演等活动中，锻炼其观察力、记忆力、模仿力，培养他们专注的品质，促进儿童想象力和创造力的发展。儿童合着音乐节奏,运用已有的舞蹈技能,大胆想象,自由表演,无论其表演的情况如何,都有助于开发儿童的右脑,启迪儿童进行丰富的联想,促进其创造力、想象力及创造性思维的发展,提升学前儿童的智力。

儿童舞蹈取材于儿童的生活。舞蹈中在音乐、美术的烘托下产生的情景交融、充满美感的意境,能够让儿童身临其境地感受舞蹈的意境美;同时,不同风格的儿童舞蹈、舞蹈中塑造的不同的形象,有着不一样的服装、道具设计;不同题材的舞蹈场景和意境表达也需要有不一样的声光设计和场景布置。由于儿童特殊的生理与心理发展水平,使得儿童舞蹈中的服装和道具设计大都色彩艳丽、样式新颖、造型夸张、形象鲜明;舞蹈场景的布置或意境表达也常常因为富有童幻色彩而带给儿童强烈的视觉冲击,使之产生极高的审美愉悦;部分儿童舞蹈中的道具和服饰还是儿童亲自参与制作完成的,这些都能够让儿童在舞蹈中不仅感受、体验到服装、道具本身带来的审美感,还能够体会到劳动创造带来的美好感受。

(2)身体机能的发展

舞蹈游戏有利于儿童的生理发育。

第一,锻炼儿童的动作能力与模仿能力,促进其身体协调能力的发展。儿童舞蹈以儿童的生活和情感为主要表现内容,直观形象、生动具体的动作是其最基本的语言,因此儿童舞蹈是帮助儿童获得动作技能的有效方式。儿童舞蹈能引导儿童在活动中通过反复练习来获得更多的动作技能。例如,儿童舞蹈中的各种模仿动物的律动以及模仿儿童日常生活或行为的律动,都能够让儿童通过模仿舞蹈中的各种动作获得多种动作技能,并在获得动作技能的同时锻炼其模仿能力。因此,儿童舞蹈是锻炼儿童动作能力与模仿能力的有效方式。身体的协调能力是一种需要通过反复练习和积累经验才能逐步形成和获得的动作能力,是儿童在儿童期最重要的一个发展领域。儿童在儿童期,一方面可以在某些具体的活动中,以游戏的方式学习动作,获得动作技能;另一方面可以在成人的引导下,通过反复练习获得动作技能。但不是每一位儿童都有机会参与这种活动学习,其动作技巧发展也并不纯熟,无法通过"自然的"经验而获得这些动作技巧。因此,让儿童参与舞蹈活动,能够为儿童提供发展身体协调能力的机会,获得身体的基本动作能力,促进儿童动作协调能力的发展。与此同时,儿童在参与舞蹈的过程中还需要听觉、视觉等多种感官配合,因此,引导儿童参与舞蹈活动,还能够有效促进其注意力、想象力与创造力的发展,为儿童未来的生活、学习奠定良好基础。

第二,增强儿童体质,促进其身体健康发育。作为一种借助身体来表现而又同时作用于身体的艺术,儿童舞蹈能够让儿童在舞蹈中矫正弯腰驼背等不良习惯和不良体态,获得骨骼、肌肉、神经系统和呼吸系统等生理机体组织的健康生长,进而塑造挺拔向上的健康身形;能够让儿童在活动中,拉伸身体肌肉,增加韧带的伸展性与柔韧性,使儿童肌肉发展匀称而有线条、身材比例恰当而更加匀称、身姿正确而更具美感。与此同时,儿童舞蹈所特有的时间性、空间性、运动性与流动性,使儿童能够借助儿童舞蹈增强身体体质,促进身体动作的稳定性、灵活性和协调性的提高。

(3)社会行为的发展

第一,自我认识。

自我认识是儿童社会性发展的重要组成部分,对儿童的自信心、自尊心及其对外界事物的态度都有很大的影响。通过舞蹈活动,儿童可以逐步了解自己的肢体语言能力,并试着将自己的感觉、情绪用肢体语言表达出来。在舞蹈学习的过程中,通过排练、演出和集体活动,儿童会更容易克服内向、胆小、害羞等不健康心理,增强儿童的自信心,培养他们开朗活泼的性格。

第二,与他人合作的能力。

律动舞蹈能锻炼儿童协调能力及角色扮演能力,增加儿童和同伴之间的相互交流,有利于培养儿童与同伴之间的合作意识,对促进儿童合作习惯和合作能力的发展都具有其独特的作用。

第三,独特的美育效果。

首先是儿童舞蹈的自然美。自然是一切美的源泉,也是艺术的范本。花草树木、阳光雨露以及自然界中的各种小动物等都是儿童舞蹈重要的内容。在反映自然美的儿童舞蹈编创中,家长不仅要明确选择自然题材的意义,而且要理解自然美的含义,还要用一定的手段把自然美转化成艺术美。这些东西所产生的自然韵律和形态,使儿童的听觉、视觉、心理等直接能够感受到儿童舞蹈作品的内涵,尝试到儿童舞蹈的自然美,体会到儿童内心的干净和纯洁,以及他们在舞蹈作品中表现出的自然美。

其次是儿童舞蹈的夸张美。夸张与变形是儿童舞蹈语言的特征,也是儿童舞蹈表演中的一个重要元素。夸张是从生活中提炼与升华,将生活用形体感觉反应扩大化。儿童舞蹈作品在孩子生活的基础上虚构与夸张,是儿童实际生活中显现出更美好、更浪漫的艺术境界。在创作儿童舞蹈时,凝练生活动作进行夸张变形的儿童舞蹈语言,让孩子真正走进那极富感染力的内心世界。夸张与变形的动作语言作为媒介交流,让舞蹈形象十分精确并进行艺术放大,让儿童从视觉中获得清晰的表情信息,更加深层地体会儿童舞蹈的内涵和所表达的内容。在儿童舞蹈艺术构思中紧紧围绕着儿童舞蹈形象的特质进行,使儿童舞蹈更具有明显的特色。

最后是儿童舞蹈的真善美。真善美的关系是辩证统一的,没有真就没有善,也就没有美了。真是事物的本质,善是真的形式和表现,美是真与善的最终目的。就儿童舞蹈美学而言,质朴就是真,是作品感性显现的第一要素,是通过艺术对儿童品格的核心表达。自然真实,作为儿童舞蹈的重要美学特征,是指真实、质朴、清新。儿童舞蹈的自然气质,首先得之于儿童洁净的心灵,由于儿童涉世不深,心灵相对干净、单一,这也是舞蹈所需要的。

(4)培养儿童的音乐能力

音乐与舞蹈是密不可分的,只要有舞蹈,必然会有音乐伴奏。儿童在学习舞蹈的同时也在感受音乐的魅力。

第一,培养儿童的音乐感受力。舞蹈对儿童音乐感受能力的发展至关重要。从某种意义上来讲,舞蹈和音乐是相通的,它们彼此之间可以产生联觉,身体的动作产生于音乐,而音乐实际上就是舞蹈形式的外显。儿童在舞蹈的过程中,可以通过动作的方式感受音乐,让他们跟着歌曲摆动身体,慢慢地,儿童就能掌握音乐的节拍、节奏、强弱,以及所表现的音乐形象和渲染的气氛。舞蹈极大地促进儿童听觉系统的发展,让儿童用自然的律动来感受音乐的美妙,增强对音乐的感受力。

第二,培养儿童的音乐表现力。音乐是最具有韵律感的一门艺术,它起伏的旋律、张弛的节奏,会使学生对音乐做出最直接的反应,促使他们情不自禁地跟着音乐节奏动起来,并且投入极大热情,经过一段时间的节奏练习,儿童的乐感能力和表现力在不知不觉中就可以得到发展。而且,音乐是有情绪的,不同的音乐所表达的情绪是不同的,即使是同类情绪的音乐,彼此之间也会有细微的差别。而舞蹈能将这种情绪化作个人感受,借助动作表现出来。当儿童仔细聆听音乐,并将音乐与身体的反应结合起来的时候,它就产生了表现音乐的巨大力量。律动没有既定的程序,它可以鼓励儿童对音乐做出自然反应,帮助儿童用身体积极地探索音乐,发展儿童的音乐感知能力和舞蹈的潜能,促进儿童记忆力、想象力和创造力的发展。

第三,培养儿童的音乐创造力。儿童对于音乐和舞蹈的感知也是如此,每个小朋友在听到音乐时身体的律动是不一样的。这与儿童的性格和已经具备的生活积累、记忆储存有关,而由这些因素所引发的联想和想象又不尽相同,所以用身体表现出来的律动形象也是千姿百态、各具特色的。

(5)陶冶儿童情操,提升综合素质

儿童舞蹈总是朝气蓬勃、催人向上的。通过舞蹈所塑造的形象人格美的熏陶,不仅是培养儿童乐观、宽容的性情和高尚的道德品质的重要方式,还是儿童表现自我、肯定自我的重要渠道。

儿童舞蹈以表现儿童的生活、情感为主题,能够让处于不同发展水平的儿童,都能积极、主动、自信地参与到活动中,满足儿童表现自我的需要,帮助其树立自信心。同时,儿童在舞蹈的过程中,感受到的来自成人和同伴的肯定与鼓励,能够让他们更加准确地看待自己、评价自己、理解自己,从而激发儿童的自信心,让他们能够更加自信地参与舞蹈活动。此外,儿童通过模仿舞蹈中丰富多样的舞蹈形象,受到热情友善、尊重他人、宽容大度的积极乐观品格的影响,能够增强自己的自信心,还能够在与其他儿童的协作配合和反复的练习过程中,使自己成为一个具有良好意志品质的人。

总之,儿童舞蹈为儿童提供了一个自我成长的空间。儿童通过参与舞蹈活动,能够增强个人体质,形成良好的身体姿态,促进生理机能的健康发育。在参与舞蹈的过程中,儿童还能获得动作的稳定性、灵活性和协调性以及艺术潜能的发展,获得身体的协调能力、表现能力以及节奏感知的敏感性与稳定性发展,获得美的感受力、表现力与创造力的发展。同时,儿童舞蹈还能够引导儿童在舞蹈的世界中去感受、体验、表达生活中的真善美,帮助儿童获得美的情操和美的品格,获得注意力、观察力、模仿力、记忆力、想象力和形象思维能力等智力因素的发展,为提升儿童综合素养和身心健康发展打下坚实的基础。

三、美术艺术与儿童审美能力培养

(一)美术教育的含义

"夫画者,成教化,助人伦,穷神变,测幽微,与六籍同功。"道出艺术的早期职能是作为"载道"的工具,因此不难看出,早期艺术存在的价值在于为权利、宗教等服务。我国著名教育家蔡元培先生曾在《教育大辞书》中给美育下了明确的定义"美育者,应用美学理论于教育,以培养感情为目的者也"。他点明了美学与教育之间的关系。美术教育是美育的主要途径,是以美术作为媒介的文化教育活动,是审美和教育的结合。随着社会的变革、科学的发展、文明的进步,美术教育所要面对和解决的也逐渐变更为更广义的美以及审美情感的问题。它不仅仅只是作为德育的一种手段,同时还具有理性的社会意义。其主要目的是发展和延续美术文化,传播社会知识,满足人类社会经济、精神与文化的需求,培养健全的人格,形成人的基本美术素养,促进人的全面发展。

(二)儿童的心理发展与艺术表现

1. 儿童发展的心理发展

在发展心理学中,瑞士儿童心理学家皮亚杰认为,从11岁至15岁是心理发展的形式运算阶段,称为青年的准备阶段,即前青春期。15岁至18岁称为青年期,是个体进入成人社会的时期。这一时期是从童年向成年的过渡时期,意味着由依赖成人生活的孩子,转变为独立生活的成人的发展过程,是人一生中具有重要意义的时期。这一阶段儿童在生理、心理方面发生着巨大的变化。

儿童的艺术发展,根据美国教育家罗恩菲德的意见,11岁至13岁为拟似写实阶段,该阶段为即将来临的青春转折点的准备阶段。13岁至17岁为写实决定期,是创造活动中的青春期危机阶段。因此,我们将11岁至16岁这一儿童艺术发展阶段称为"转型期",面对儿童的转折期,我们应给予足够的关心和重视。儿童参加绘画活动,不仅有利于继续开发潜能,同时也有利于进一步发展智力、情感、能力和人格特质。

第六章　新时期农村家庭的儿童审美能力培养

儿童艺术的转型并不是一个不可逾越的阶段，顺应和处理好这阶段的发展特点，帮助他们走出困境，正是我们要研究和试图解决的问题。儿童期是认知发展的重要阶段。根据皮亚杰的理论，11岁至15岁的心理发展叫作形式运算阶段，是产生假设——演算推理的思维时期。这一时期他们在认识技能方面已有很大发展，开始从儿童那种主观的自我中心的、简单片面的、表面的、孤立的认识，发展为较为真实、客观、全面的思维方式。他们思考问题已经有了一定的独立性、抽象性和逻辑性。他们在解决问题时，会假设多种可能，进行归纳、推理，进行系统化的组合、排列、分析，会运用逆向思维分析问题，并能有计划、有策略、有效地处理信息。儿童自我意识的发展是个性发展的重要前提之一，也是进行自我教育的基础。美术教育尊重儿童的个性发展，是以人为本教育理念的重要体现，教学中要重点注意提供适当的支持对于自信心不足的儿童。

2. 儿童的艺术表现

儿童的艺术表现是艺术发展中的过渡阶段。他们开始脱离儿童那种无意识的绘画方式，也不能像成人那样去画。他们的艺术创作无论题材内容、表现形式、专业技能等，与童年时期相比，都有了明显的变化。

例如，"转型期"的儿童开始能客观地观察物象。在写生中，他们喜欢描画细节，较真实地表现物象特征，创作多以自身生活经验为依据，画面真实、具体而生动。儿童的思维能力较童年时期有了本质性区别，他们已经具有较真实、客观、全面的思维方式，有了一定的独立性、想象性和逻辑性。这一阶段儿童思维发展还不太成熟，看问题容易偏激，仍带有明显的表面性和片面性，在绘画中开始关注艺术的形式。另外，儿童处于转型阶段，他们在创造力的发展方面既不同于儿童，也不同于成年人，首先，儿童的创造力发展更多地带有现实性特点。他们的艺术创造想象由幻想变为现实。其次，这一时期儿童创造力的发展主动性和有意性在增强。他们勇于克服困难，并能主动提出新问题。再次，这一阶段儿童创造力的发展更为成熟。

随着他们知识、经验的不断提高，创造思维能力的发展，在创造力的深度、科学性、艺术表现形式方面大有进步，创造意识更加强烈，思维更敏捷，热情更高。

(三) 美育视角下农村家庭美术教育的意义

美术教学的优势有很多,首先它可以让儿童在学习美术作品的过程中接触到更多人的思想,通过作品能体会一些不同的人在表达自己内心思想上有着怎样不同的表达方式,进而学习如何提升自己的创作思维,也可以在思考作品的同时提高自己对艺术的审美水平。除此之外,还可以在不同的作品中感受它们所带有的时代气息,进而感悟作品,体会创作者的态度、价值观念等。总之,审美个性的发展具有独特却又丰富的特点,对儿童个人的发展具有积极的作用。

1. 激发儿童学习美术的热情,培养绘画兴趣

兴趣是儿童学习的动力,只有当人对一件事产生兴趣之后,才会自主地进行学习、探索。由此可见,激发儿童对美术、绘画的学习兴趣和学习热情,对培养儿童的创新思维和创新能力起着积极作用,所以老师们应当在教学过程中探索如何注意激发儿童对美术、绘画的兴趣,提前制定合理的教学计划,并要在教学过程结合实际情况及时调整教学方案。比如可以借助一些课堂游戏、教学辅助工具等活跃课堂氛围,让儿童的注意力能一直在课堂上,避免出现儿童注意力不集中的情况,教师可以在课堂上画一些简单的范图,让儿童对美术课能逐渐产生兴趣。

2. 拓展欣赏范围,开阔儿童视野

想要培养儿童的创新能力要不断丰富儿童的视野,让他们所能接触到的作品尽量有更多的风格或特色,只有他们见识到的作品风格足够多样,才有可能学会从更多的角度去发现问题、思考问题,也只有了解的东西足够多了,才会有更多的灵感去进行创作,创作得多了,儿童或许就会在创作中找到乐趣,进而创新能力也会得到不断地提高。

3. 培养儿童的创新思维

创新思维对一个人创新能力的高低有着至关重要的影响,所以说我们应该多注重培养儿童的创新思维,也就是说要注重儿童在个性化方面的发展。如果把他们的创新思维培养出来了,那么他们的创新能力就必然会得到一定程度的提高,在儿童的美术教育过程中应该格外重视对儿

童进行创新思维方面的培养,所以掌握培养儿童创新思维的方法也十分重要。我们可以通过设计一些情境,从而提出相关的问题来让儿童进行思考,进而引导儿童在创新思维方面的发展,至于具体的实施方法,任课教师应当制订好完善的教学方案,有条不紊地按方案来进行。先提前在课本内容的基础上设计出情境,再准备好一些合理的问题,难易程度要拿捏好,然后在授课过程中寻找适当的机会将问题抛出,让儿童在一定的时间内自主思考、分析问题,最后由教师对儿童进行提问。在课程结束的时候也可以给儿童布置下问题,由他们在课下自由交流讨论,让儿童成为课堂的主体,在探索中发现未知,培养创新思维。除了上述方法之外,教师也可以带领儿童走进自然、亲近自然,让儿童在欣赏大自然优美风光的同时能够感悟自然、陶冶情操、提升自己的内心素养,进而激发他们在创作方面的灵感,培养儿童对自然的独特感悟,在接触自然的过程提高自己的创新思维,创作出极具意境的作品。

(四)美育视角下农村家庭美术教育的原则

坚持以孩子的成长为中心,教育的目的是儿童的发展。家长参与美术教学主要目的是发挥自身优势,拓宽孩子在学校教育之外的美术世界,带给孩子不一样的内容。教育越是能促进孩子的发展,家长们的积极性也就越高。家长参与在教学中,使孩子能够了解美术知识、提高审美修养、获得基本的美术技能,获得更高的积极性。不给孩子以不利的帮助,儿童对家长存在较强的依赖心理,在无助的时候会习惯于求助家长。但是家长应该着力于培养孩子的自主性,以便养成好习惯。

家长参与美术教学应在不影响自身工作的前提下,与学校、教师达成时间、内容上的统一观念。参与学校的相关教学培训,在教学过程中达成和学校老师的密切配合。

第七章 新时期农村家庭的儿童劳动素养提升

在农村家庭教育中,家长对孩子的劳动教育一直给予了高度重视。在日常生活中,家长有意识地让孩子参与家庭以及其他劳动,充分锻炼了孩子自身的动手实践能力。本章主要研究新时期农村家庭教育与儿童劳动素养提升的内容。

第一节 儿童劳动的特殊形式——劳动教育

一、劳动教育

劳动教育是一个不断发展的概念,中国已经进入中国特色社会主义的新时期,在新的时代背景下,劳动教育也要有新的内涵与特征。教育学博士、博士后班建武认为"新"劳动教育不是用劳动来代替教育或将教育完全融入劳动之中;不是劳动内容固化;劳动的功能也不仅仅作为谋生手段,新时代的劳动教育是教育与劳动的科学结合,是整合、开放的实践体系,是劳动价值观的积极正确引领。

新时期的劳动教育是一种劳动价值的召唤,着眼青少年正确劳动价值观的培养,注重将劳动教育全面融入育人体系中去,贯穿家校社各个方面,以劳动作为媒介,召唤青少年正确认识劳动、体认劳动,形成正确的劳动情感;召唤青少年劳动意识的觉醒,通过内发的劳动自觉,主动参与劳动,在动手劳动、动脑创新的实践中体认劳动的价值,促进完善人格的塑造。

学校和家庭针对不同学段青少年的特点,劳动教育的内容、形式等也各有侧重。劳动锻炼能够在增强青少年体质的同时促进青少年心理发展,使青少年身心和谐统一、健康成长。

通过劳动教育能更好地对青少年进行价值引领。本文所指的劳动教育兼顾生产劳动、生活劳动、服务性劳动,是家校通过让青少年参与劳动,促进青少年劳动"知、行、意"提高的教育活动,旨在增强青少年的劳动知识、提高劳动技能;培养良好的劳动习惯;给青少年更多走向社会参与劳动实践的机会,在校内外劳动实践中提升劳动素养、锻炼青少年的劳动品质,提高职业意识,形成正确劳动价值观念,为青少年的幸福人生做准备。

二、劳动教育内涵的研究

时代在变迁,劳动的形态在不断地发生变化,我们对劳动的认识也在改变,劳动教育的内涵也随之处在不断变化之中。当前,劳动教育影响学习者的核心素养,被赋予新的内涵。

(一)劳动教育是关于劳动的教育

劳动教育是关于劳动的教育,是在劳动过程中关于对劳动的认识、对待劳动的态度、一定的劳动技能、劳动品格等的培育。劳动教育应包括家庭的基本生活技能教育,学校的劳动通识性教育和职业相关的专业性教育,还有关于劳动态度及价值认同的教育。

(二)劳动教育是通过劳动进行的教育

教育蕴含于生活中各个场所的劳动中,劳动教育是通过进行生产劳动,在这一过程中进行有目的、有计划地提升人的素质的教育活动,是教育与生产相结合,注重在劳动中进行教育,具体包括在生产中、服务性活动中和日常生活的劳动中进行教育。劳动教育强调实际的劳动体验、贴近生活与促进个人成长。

(三)劳动教育是为了劳动者的教育

新时代的劳动教育是让青少年在劳动的过程中发现自我的价值与意义,在劳动中进行良好的人际交流,形成良好的劳动品格;是为了使青少年爱劳动,积极主动参与劳动,具备独立生活的能力和参与实践的能力;是为了使劳动者更好适应社会而进行的教育。

三、农村家庭劳动教育的现状分析

(一)家长对劳动教育的认识不到位

一些家长对劳动教育的期待也是希望劳动教育能够促进孩子成绩的提高,如生产制造工具和维修这样的教育应该是职业学校的内容,以后不进工厂、车间,这些没有必要学,希望学校多一些开发智力的劳动教育,对孩子作用更大一些。还有一些家长将劳动教育定位于让孩子从事体力劳动,窄化劳动,认为只要是进行了身体的磨炼就算劳动教育,如暑假让孩子回农村锻炼锻炼,这其实是对劳动教育途径的误读。劳动教育的途径不只是用脑或是让孩子身体上感受"累"和"苦",而是培养一种劳动的精神。

另外,一些家长缺乏对孩子劳动的评价,主要表现在不评价或评价语言单一,如很多家长会用"不错、真棒、干得好"等词语来进行评价,简单的评价极易使孩子认为家长的表扬是一种简单的回应,感受不到自己劳动的真正价值与意义,这种忽视劳动教育价值引领的教育效果也是肤浅的,青少年劳动的自觉性也会被弱化。

(二)家庭劳动教育的氛围不浓

良好的家庭劳动教育氛围体现在家庭成员对劳动的态度、家长的劳动意识与行为引领、家庭成员共同参与劳动的情况。同时,家长对孩子劳动过程的错误的评价方式,如用物质手段或将劳动作为惩罚方式,以及价值观引导不足等都不利于创设良好的家庭劳动氛围。很多家长将家庭劳动大包大揽,逐渐让孩子以为家务活就应该是大人的活儿,自己的主要任务就是学习,父母的这种行为最终会导致孩子的自理能力很差,给以后的生活带来极大的不良影响。

第二节 儿童劳动教育的价值

一、儿童劳动教育的本体价值

教育是为了儿童美好的生活,而美好生活的前提是学会生存。劳动教育是关乎生活的社会实践活动,为人类基本的社会活动做好准备。个体在真实的社会生活中不断习得知识、观念和文化等,构建自身作为社会存在所需的物质和精神生活,从而更好地适应社会生活。美国教育学家杜威认为,准备生活的唯一途径就是进行社会生活,离开任何社会真实情景去培养习惯,都是在岸上教儿童游泳。因此,儿童劳动教育理应回归真实的劳动场域,通过洗脸、刷牙、穿衣和吃饭等日常生活培养儿童自理能力。如开展"劳动小能手"主题活动,在"我是值日生""我会穿衣""我会刷牙"等活动中培养儿童的基本生活技能和自理能力。在社会生活中,通过劳动生产不仅生成人与自然界的关系,还形成人与人之间的生产关系,而这种社会关系不是固有不变的,这得益于人在真实劳动场景中的实践。因此,儿童在真实的劳动场域中与同伴的沟通合作、处理冲突,有助于其社会性的发展,可以帮助其更好地适应社会生活。同时,儿童在劳动探索中发现问题、克服困难、收获成果,从而增强自信心、锻炼意志、培养责任感、提升判断力,增强解决问题的基本能力。

儿童劳动教育既来源于真实生活场景,又服务于现实社会生活。在社会生活中,儿童通过劳动不仅能习得必备的自理能力,还能发展社会性,培养社会生存的基本能力。同时,回归真实的劳动场景既有空间上的扩展效应,还有时间上的延续效应,有益于儿童劳动知识的内化、劳动情感的升华,也更易于培养儿童解决问题的意识,从而帮助其更好地适应社会生活。

二、儿童劳动教育的现实价值

（一）对受教育者的价值

劳动教育有利于孩子正确地认识、发现、认同自我的价值。劳动教育使青少年获得劳动知识和生活、工作的技能，同时在思想、习惯、精神等各个层面得到提升，在劳动中进行创造，努力追求幸福的生活。它和其他方面教育相互影响，从整体上影响青少年的全面发展，"是造就全面发展人的唯一方法"。作为素质教育的重要内容，劳动教育对提升青少年的综合素质、形成科学的价值观、正确地认知世界、过上完美幸福的人生有重要意义。

（二）对社会的价值

劳动是整个人类生活的第一基本条件，而且达到这样的程度，以至于我们在某种意义上不得不说：劳动创造了人本身。中华民族是勤劳勇敢的民族，重视劳动与劳动教育是我们的传统美德，加强劳动教育利于弘扬民族精神，中华民族的振兴同样离不开劳动教育。国家的强盛、科技的创新都需要人才，而人才的培育需要重视劳动的教化。

劳动教育能够使青少年们具备从事劳动的能力，逐渐养成劳动的习惯，防止年轻一代成为寄生阶层，使他们能够通过劳动自食其力，为社会减轻负担。劳动教育提高了孩子们的素养，让他们掌握了必要的实践技能，在劳动过程中进行不断创造，提高经济效益。同时，劳动教育一定程度上促进了不同阶层劳动者间的合作与尊重，人与人之间良好相处，更易于形成良好、稳定的社会环境。

（三）对教育本身的价值

劳动教育是进行素质教育必不可少的一部分，要构建现代全面育人体系，必须及时补足劳动课，发挥劳育的基础性和全局性的重要作用。劳动教育对"五育"具有融通性，只有各育相互融合，才能更好地承载创造全面发展人的使命。其次,这也是推动构建更高水平人才培养体系的需要。

第三节　家庭教育中儿童劳动素养提升的途径

家庭是孩子的第一学校,父母是孩子的第一任老师。家庭教育是教育孩子的起点和基点,良好的家庭教育不但是造就孩子成才的必要条件,也是优化孩子心灵的催化剂。家庭教育的好与坏将直接影响孩子的一生。生活教育是家庭教育的重要内容。

一、自我生活教育:提升自理能力

(一)家庭劳动教育

1. 劳动清单,让家庭劳动"心中有数"

表 7-1　家庭教育劳动清单

主题	目标	内容
能生根——幸福起航	1.从家出发,学会感恩。 2.学会记录和规划自我的人生。 3.关心身边的历史文化。	1.记录家人喜欢的物品(如:颜色、衣服、装饰品、礼物等) 2.记录家人喜欢的一个菜。 3.记录家人在一起愉快的事情。 4.记录家人为你做得最感动的一件事情。 5.记录家里成员每一个人的生日日期。 6.记录这一周以来,你觉得做得最有意义的事情。 7.记录这一周以来,你的学习计划。 8.记录这一周以来,你看到的有特色的艺术表演。 9.记录这一周以来,你看过的有意义的书籍。 10.查阅了解选科相关内容,根据自身的情况,规划后期学习方向。

续表

主题	目标	内容
能生根——幸福起航	1. 尝试把"感恩"化作行动,以行动来回报身边的人。 2. 从对身边人的感恩传递到身边的社区、社会。 3. 学习关注身边的文化,为成为一个文化的传承者做准备工作。	1. 为家人制造惊喜(如为家人筹备一个生日会); 2. 为家人做一顿饭,里面有家人喜欢的菜色。 3. 在特殊的家庭日子(如母亲节、父亲节),为家人送上一封感恩的信,或者感恩的贺卡,或者送上一幅美术作品,或者一首歌曲。 4. 写至少一到两篇的读后感。 5. 记录一周的学习计划。 6. 每月进行至少一次的志愿活动,帮助身边的人。 7. 收拾干净所在的班级与宿舍环境卫生。 8. 假期在家主动承担家中力所能及的家务。 9. 发现身边的文化、历史,并做记录。
会生长——幸福巡航	1. 学会沟通,能够把自己的想法与身边的分享交流。 2. 学会组织一场活动,锻炼自己的组织能力。 3. 尝试做社会调查,学习用科学的眼光去分析问题。	1. 与家人做一次深入的谈话(包括未来的人生规划以及自我的人生价值观); 2. 开展一次家庭式的志愿服务; 3. 做一次社会调查(包括国情、对社会的职业了解情况); 4. 做一次居住地历史调查。(包括本地发展历程,重大事件) 5. 与同学组织一次有意义的活动(给有需要的小朋友开展一次故事会、为有需要的地方做一次捐赠活动,捐赠新年红包活动)。 6. 学习一项传统文化技能(可以是食物方面的、艺术传承方面的)。
	1. 通过社会调查、了解后学会初步规划自我的人生。 2. 为人生规划做出准备。	1. 做一个"职业目标"构图展示在班级中,规划自我的职业目标; 2. 购买书籍做一次大学专业调查,为高三选择志愿做准备; 3. 每周学习计划方案。 4. 学习一项传统文化技术。

第七章　新时期农村家庭的儿童劳动素养提升

续表

主题	目标	内容
懂生活——幸福远航	1.走向社会从真实的场景中了解自我的职业规划方向。 2.培养与社会接轨的沟通能力。 3.懂得家人永远是自我的坚实堡垒,无论走多远,家永远是根。 4.能够明白沟通对于生活的重要性。	1.走访一些公司、单位,跟岗了解职业工作情况; 1.走访大学,向师兄师姐了解专业的学习状况; 2.制订一个自我专业学习目标; 3.假期时间多陪家人,一起做一顿饭; 4.与家人做一次高三生活的深入沟通。 5.向身边的人推广所学习的传统文化技术。 6.掌握一项专业技术能力(可以是编程、WORD的应用能力等)。
	1.展示通过三年的学习与积累的组织能力。 2.做一个无论何时何地都会感恩的人。	1.举办一次高三毕业前的班级活动(纪念青春、纪念友谊、感恩教师); 2.举办一次成人礼(感恩父母、感恩师长);

2.厨艺美食,让生活滋味"活色生香"

家庭教育中,最接地气的生活教育就是做饭。有的父母会觉得厨房不是孩子应该待的地方,除了认为做饭危险外,还认为与其把时间花在做饭上,还不如拿来学习。厨房,其实是家庭教育中的一个重要空间,让孩子接触柴米油盐,对孩子的生存非常重要。烹饪做饭,是最基本的生活技能。高中生具备了一定的基础,可以在把饭菜煮熟的基础上再提高厨艺,除了进一步提升自理能力外,还让生活"活色生香"。

应节食品是在传统节日里制作的和传统节日相应的食物,是民族传统历史文化积淀的产物,凝聚着中华民族的智慧,具有独特的文化内涵。常见的应节食品如元宵节的汤圆、端午的粽子、中秋的月饼等,无不体现着中华文化的特点。在传统节日里制作应节食品,既可以传承传统文化,也是劳动教育的重要内容。在传统节日,家长和学生一起过节,并由家长亲自指导学生动手包汤圆、做粽子等,制作应节食品,并将制作的过程拍成视频或照片。学生自己动手、享用美食、回味过程,不但动手能力得到提高,还在劳动的过程中接受了传统文化的熏陶。

3.理财教育,让自理能力更上层楼

孩子的理财能力直接关系到他成年以后在社会上的生活水平和生活状况,所以理财意识需要父母从小开始培养。父母是子女最好的老师,伴随子女走过整个成长生涯,他们的一言一行对子女来说都在无形中起着潜移默化的作用,对子女"三观"的塑造和培养和日后的抉择都起着重要的引导作用。

4. 科技创新,让教育引导贴近生活

家庭生活美在哪?一是爱与和谐,二是崇尚学习的好家风。青少年是国家和民族的希望,创新是社会进步的灵魂。家庭是培养科技创新教育的第一场所。学生的科技创新热情不仅源自于家庭的启蒙和引导,更来自父母的鼓励、宽容。瑞典教育家哈巴特就说过:"一个父亲胜过一百个校长。"父母要用一双善于发现的眼睛来发现孩子的天赋。父母要用引导的方式来点燃孩子的内心创造力的火焰,给他们更多的机会去尝试,并充分发挥孩子的优势。

在生活中,引导学生在父母的指导下,尝试开展一些生活小发明,或者发明一些小妙招,解决一些生活中的小问题,进一步提高生活自理能力。科技创新来源于日常生活的需要,又服务于日常生活。贴近生活,将科技创新与日常生活相结合,这是我校与家长协同培养学生科技创新意识的重点方向。

(二)自护教育

《中华人民共和国家庭教育促进法》第十六条规定,要关注未成年人心理健康,教导其珍爱生命,对其进行交通出行、健康上网和防欺凌、防溺水、防诈骗、防拐卖、防性侵等方面的安全知识教育,帮助其掌握安全知识和技能,增强其自我保护的意识和能力。学校安全教育虽然更集中、更系统,但是家庭对孩子的自护教育也有自己的优势。

1. 防性侵教育

家庭教育在预防性侵害方面扮演着非常重要的角色。防性侵教育是每位家长的必修课。

(1)加强亲子之间两性知识的沟通

家长不要谈性色变,要多和孩子交流沟通。特别是母女之间、父子之间要多沟通,营造良好的家庭氛围,特别是当孩子遇到困难、困惑时要多给予关心和关怀和关爱,切勿不耐烦甚至是打骂,这样孩子遇到问题时不敢告诉家长,这对预防性侵害是非常不利的。经常和孩子聊天,引导孩子把藏在心里的秘密告诉家长。比如,很多性侵案件都是熟人作案,这个时候就要教育孩子,即使是亲戚朋友,如果对孩子意图不轨或有举动,也要及时告诉家长。

(2)加强对孩子上网的监管

网络是把双刃剑。借助网络,孩子很容易获得一些不良信息。家长应该加强对孩子上网的监管,与孩子建立家庭内部网络使用规范,协商监督机制。家长在电脑和手机上设置青少年保护模式,拦截不良网站,过滤不良信息,净化上网环境,帮助引导孩子养成良好的使用习惯,守护青少年健康成长,守护他们的未来。

(3)不给坏人可乘之机

家长无论多忙多辛苦都要抽时间陪伴孩子,特别是接送孩子。孩子可以从父母的陪伴中感受到父母坚定不移的爱。家长一定要明白接送孩子、陪伴孩子的重要性!其实,父母接送孩子除了亲子之间的交流外,还堵塞了孩子在时间和空间上的安全漏洞,不给坏人以作案的时间和空间。很多父母因为工作比较辛苦,或者为生活所迫常年在外打工,对孩子疏于照看、疏于关心,这不但对孩子的成长不利,更对孩子的安全不利。

2. 防一氧化碳中毒教育

一氧化碳中毒是冬季常见的安全隐患之一,家庭和学生务必要了解取暖、洗浴、用火等方面的安全常识,提高防范意识。每年冬天都是一氧化碳中毒的高发期,同时也是家庭防一氧化碳中毒教育的攻坚期。加大宣传力度,帮助提高家长的警惕性,引导家庭科学合理的安装取暖设施、做好通风等安全防范工作及对防范一氧化碳中毒安全知识的知晓,提醒大家要增强安全防范意识,做好安全防范工作。

二、他我生活教育:提升交往能力

重视家庭教育、父母以身作则、养成良好家风是家庭教育中提升孩子社会交往能力的重要前提。

（一）孩子是父母的映照

家庭教育,根在父母。俗话说,家有其父,必有其子。父母自身的性格特点和交往能力对孩子的社会交往有重要的影响。父母的性格会潜移默化地影响子女的性格,继而在社会交往中体现出来。通过耳濡目染,孩子会通过观察和模仿习得父母的知识和技能,父母的一言一行都被孩子看在眼里、记在心上。所以,家庭要重视孩子社会交往的发展,提高孩子的社会交往能力,最好的教育方法是言传身教。父母要以身作则,注意与家庭成员之间和家庭以外人员的交往方式。夫妻和睦,尊敬长辈,父母用实际行动为孩子做出表率,孩子也会有样学样。反之,父母性格内向、不善言辞、不喜交往,或者父母社交能力较差,孩子则大概率会出现性格内向、不善于沟通和交往的情况。父母要合理引导,要鼓励孩子积极主动、大胆、诚实友善地开展交流交往,并积极培养孩子的各种社会技能,帮助他们树立正确的交友关系,帮助孩子学会解决与同伴交往中的矛盾。

提高孩子的社会交往能力,是学校教育的重要内容。同时,在家校社合作的背景下,父母也应该是学校家庭教育指导的重要对象。加强对父母的教育指导,培养更多合格的好父母,是提升家校合作水平,促进学生健康成长和发展的重要途径。学校可以通过举办各种活动为父母提供专门的家庭教育指导,提高父母的社会交往能力。家庭多参加各种社会活动,让学生在多样的活动中增强社会交往意识,学会合作,锻炼沟通、交往能力。家庭也可以组织各种社交活动,为学生的社会交往搭建平台,如家庭聚会、朋友聚餐、集体出游、运动等等,能起到相当不错的效果。

（二）家庭是教育的根基

家庭是孩子的第一生活场所,家庭完整、父母关系和谐可以为子女创造一个温暖的生活环境,也能在一定程度上提高家庭教育的效果。在温馨和谐的家庭环境中成长的孩子会获得更多的安全感,从而使人更自信更有底气,在社会交往时也会表现得更自主、自信。美国著名教育家李查·伊凡斯说过:"孩子不会因为你供应的物质而记得你,他们会因你珍爱他的感觉将你牢记。"因此,家庭必须营造和谐的家庭氛围和父母关系,为孩子创设爱和快乐成长的安全环境。

孩子的社会交往能力与家风的好坏密切相关。"天下之本在家。"良好的家风是家庭文化的传承与弘扬,是家庭成员精神风貌的集中展现,是家族在岁月的沧桑中积淀下来的人生智慧与宝贵财富,是家族得以安身立命的处世精髓,良好的家风是家庭教育成功的保障。"千秋家国梦。齐家与治国平天下,自古以来就是人们修身之道中不可或缺、前后承接的环节。"家是避风的港湾,也是梦想启航的地方。家风是一个家庭精神传承的基因,也是家庭文化的重要体现,良好的家风是一个人成长的优质土壤,有了好的家风,就有了好的成长环境。家风是家长传给下辈的一种教育导向和言行,家风能够潜移默化地代代传承。

在生长教育开展方面,不仅局限于学校层面,在家庭教育中也极为重要,对于每一个人来说,家庭都是第一个教育场所,而父母是最好的老师,这是亘古不变的真理。家庭相比于学校而言,这是每个人一生中非常重要的组成部分,而结合生长教育的核心理念来看,在终身学习与发展的过程中,家庭教育会造成不同程度的影响,是每一个人能否实现健康成长的关键,也是能否成为推动国家发展及社会建设有用人才的要素。

家庭教育不是学校教育的延伸,不是升学教育的基础,而是素质教育、终身教育的基础。它是为人的全面、终身发展奠定基础的教育。这主要体现在以下几点:身体发展的基础——家庭教育阶段是青少年迅速发展的时期,家庭教育应养成青少年良好地爱惜身体的意识及锻炼身体的习惯;智慧发展的基础——家校合作共育,让青少年学会将知识内化为探索真理的智慧,提高生命的层次;精神发展的基础——家庭教育不只要强调纪律、规范的外在约束价值,更要重视道德形成及生命发展的内在价值,关注青少年的情感体验和道德参与。

1. 家庭教育中的个性发展教育——身体发展的基础

基于幸福教育理念下的家庭教育核心理念是"生命教育",旨在完整全面地尊重生命、关怀生命和发展生命。生命的整体性要求家庭教育关注人的完整生命的发展,而不仅仅是知识的获得或认知的发展。家长不仅要注重孩子知识与技能的获得,更要培养青少年的个性发展,提升青少年的生命意识和生命价值。

首先,重视家庭教育,培养孩子的主体意识和主体能力。家庭教育的主体建构,就是要在尊重个体生命的主体性的基础上,唤醒、激发个体的主体意识,培养和发展个体的主体能力。只有具有了主体意识的人,才能在各种活动中实现自身价值,对自身和社会负责。而对于处于受教育阶段的青少年来说,主体意识最直接的一个表现就是"自主学习""主动参与"。好的家庭教育是家长激发孩子自主学习兴趣,孩子的主体意识越强,他们的责任感就越高,对自身的要求就越高,在主动学习以获得自身不断发展方面的自觉性就越大,从而也就能更好地调整自己行为和心理状态,获得更好的学习效果。

其次,重视家庭引领,培养孩子强身健体的好习惯。生命在于运动,体育运动是身体生长的需要,也是精神生命生长的基础,养成良好的体育意识和体育习惯不仅可以强健体魄,还可以促进身心的和谐、个性健康发展。父母要以身作则,将运动融入家庭生活,让孩子爱上运动。在指导孩子运动时,要根据孩子不同年龄特点,结合运动知识,科学地指导孩子锻炼。如,7~12岁注重运动多样性和丰富性,培养运动兴趣;13~17岁可以选择一两项运动进行专项练习。

2. 家庭教育中的生涯规划教育——智慧发展的基础

父母对子女影响是巨大,特别是对未成年子女的生涯规划和发展往往起着决定作用。每一个孩子的出生都带着家庭的烙印,父母的言行、兴趣、爱好、习惯、职业都深刻地影响着孩子的一生,因此,生涯规划教育应当成为家庭教育的重要内容。

尽管多数家长缺乏专业教育知识与能力,也缺乏对各种职业的了解,但是家长是陪伴孩子时间最长的人,对孩子了解相对较深,仍然可以从很多方面对孩子进行生涯教育。

(1)生涯规划教育要从小抓起。我们经常问孩子,你的梦想是什么。梦想就是孩子最天真懵懂的生涯目标,或许,孩子的梦想还很模糊,经常改变,但是,家长有意识地用生涯规划进行引导,可以让孩子埋下心底梦想的种子,有了梦想就有了前进的动力,成功的方向。

(2)将梦想具体化为生涯目标。父母在帮助孩子树立自我追梦意识的基础上,要引导孩子将实现梦想分解成几个小目标,自我设计,规划人生。大部分父母的生涯认知和教育水平有限,因此,家长要通过家长学校、班级家委会、生涯教育专家的讲座等,不断提升自身对生涯教

第七章 新时期农村家庭的儿童劳动素养提升

育的认知;积极参加班级主题教育活动,见证孩子的努力和生涯成长;在与孩子的交流中,渗透生涯发展理念,潜移默化地影响孩子。

(3)为孩子提供生涯体验方面的支持与帮助。家长可以创设情境,让孩子体验各种生涯角色,例如,职业角色、家庭生涯角色等。体验家庭生涯角色可以通过让孩子在家庭中承担一定的家庭责任来实现,家长可以让孩子做一定的家务,如洗碗、扫地、做饭等。职业生涯体验可以带孩子近距离接触大学和专业,提供机会让他们体验不同的职业,鼓励、支持他们尝试其兴趣爱好所在的事情,帮助他们在生涯体验中更加多元、全面地认识自我。

(4)家校合作,相互交流,彼此支持,成为孩子生涯发展的合作伙伴。例如,某中学联合家委会设立了"生涯讲堂",定期邀请家长、优秀校友作为"生涯讲堂"的导师,介绍自己的生涯发展历程,开阔学生们的视野,促进学生对各种职业的认知,建立家长职业资源库,提供学生职业实践的机会。

3. 家庭教育中的礼仪与法治教育——精神发展的基础

家庭教育,即家教,可以划分为直接家庭教育和间接家庭教育,直接的家庭教育是通过长辈的情感交流、思维引导等显性教育方式,将世界观、人生观、价值观灌输到家庭成员的思想中;间接的家庭教育是指家庭环境、文化氛围、家庭理念等无形因素对家庭成员间的相互影响。

家长是孩子的第一任教师,父母长辈的言传身教、为人处世决定了其对子女礼仪法治教育的效果。骄纵溺爱、简单粗暴的家教氛围,往往会导致孩子"以自我为中心";只有正确、理性的家教方式,才能给孩子提供良好全面的礼仪与法治教育。

(1)注重优良家风建设。广大家长必须要有清醒认识,树立科学正确的家庭教育观,加强优良家风建设,以正确的方式方法有效开展家庭教育,才能帮助孩子扣好人生的第一粒扣子。在新时代,家风建设既要继承和弘扬中华民族优秀传统家风文化,又要与社会主义核心价值观紧密结合起来,将传统文化中的修身齐家、忠诚爱国、勤俭持家、尊老爱幼、诚实守信、和睦友爱、奉公清廉和社会主义核心价值观中的自由平等、公正法治、权利义务、文明健康等融入家庭成员的日常生活中,引导孩子树立正确的礼仪道德和法治观念,潜移默化地塑造和完善个体的道德人格。

（2）加强礼仪法治学习。"家家有本难念的经"，每个家庭都存在着不同程度的困境和难题，如家庭老年人赡养矛盾纠纷、家庭暴力、财产纠纷、虐待或遗弃儿童、青少年违法犯罪、夫妻离婚纠葛等问题，这些难题的产生不仅是因为家庭伦理道德的滑落，更是因为家庭成员法治观念、法律意识的淡薄。新时代的家长要与时俱进，学好《民法典》，了解婚姻法、未成年人权益保护法等，用法律的武器保障个人和家庭的权益，营造崇尚法治、和谐文明的良好家庭氛围。

三、群体生活教育：提升利他能力

中华民族有着优秀的文化传统，推己及人、守望相助、仁者爱人等利他思想曾经是每一个中国人的基本行为准则。家庭教育要肩负起树立良好家风，传承中华优秀传统美德的职责和使命。

（一）言传身教树家风，热心公益树榜样

岳母刺字的故事千百年来家喻户晓，虽然它缺乏史料的有效支撑，但是不妨碍它成为我们传统文化中宝贵的一部分。在家国危机的关头，激励儿子保家卫国，这正是千百年来中国人家国情怀在文化传承中重要的精神基因。

孟子说，"穷则独善其身，达则兼济天下"。孟子能够说出这样伟大的话，跟我们熟知的"孟母三迁"故事中的孟母有很大的关系。正是孟母的教导，家风的熏陶，才让孟子有如此伟大的仁爱之心，才让他的主张和孔子的学说一起被奉为"孔孟之道"，成为影响世界的儒家思想的源头。

家风不仅关系着孩子的社会交往能力培养，也关系着孩子的利他能力的养成。家风，是和风，是细雨，润物无声。和谐的家庭是和谐社会重要组成部分，夫妻和睦是家庭和谐的坚实基础，更是家庭幸福的源泉。一个家庭，夫妻之间相敬如宾、孝敬老人、邻里和睦、事业有成、热心公益，那么他的孩子也会被影响和感染。

（二）爱心传递送温暖，回馈社会爱无疆

努力奉献的人是幸福的！生活在社会中的每一位成员，都会享受到社会给予自身的权利。同时，每个人也应该勇于承担社会赋予自身的责任和义务。因此，家长除了培养孩子的"利他"意识外，家长还应该教育孩子进一步提升自己的思想境界，使自己逐步形成奉献社会的意识，最简单的做法就是将身边的爱心接力传递下去，让爱永远流传、永不熄灭。

正所谓"赠人玫瑰，手有余香"。爱，不但可以通过家风传承，还可以在不同的人手上接力传递。当我们接受了别人的爱心帮助，最好的感恩就是将其再接力传递下去，传到我们身边需要的每个人。爱心不在大小，举手之劳就是爱。我们把每一次善念的心动变成一次行动，哪怕再小的善行义举，只要带着爱心善意去做，就能温暖身边人，也能温暖我们自己。

四、通过农事教育提升儿童劳动素养——以大邑县蔡场小学为例

蔡场小学距大邑县城25公里，是一所典型的农村学校。学校吸取孔子的"礼、乐、书、御、数、射"等"六艺"精粹，赋予"六艺"新的内涵，创新实施"新六艺"课程。新六艺课程中的"数"，我们所赋予的新含义，是如今的自然科学。蔡小的农事教育，是以劳动教育为载体的一门"数"课程。其功能定位，除了劳动教育的一般目标，更为直接的目标，就是让农村孩子知农事、学农法，体味农业，融于乡村。

（一）乡村与劳动的天合之作

在工业化不断推进的当下，春耕夏耘秋收冬藏的"稼穑之事"，已经和现在的孩子们渐行渐远，即便是在农村里出生长大的孩子，对农事也越来越陌生，甚至有学生小麦和韭菜不分，什么时间什么农作物成熟更不了解。

习总书记在教育工作会上，明确提出：要在学生中弘扬劳动精神，教育引导学生崇尚劳动、尊重劳动，懂得劳动最光荣、劳动最崇高、劳动

最伟大、劳动最美丽的道理,长大后能够辛勤劳动、诚实劳动、创造性劳动。加强中小学生学农劳动社会实践活动的管理,提高学农劳动社会实践的质量,更有效地促进学生认识自然、接触社会,初步了解"三农",培养劳动习惯和热爱劳动人民的思想感情,发扬勤俭节约和艰苦朴素的精神。

乡村与劳动,有着与生俱来的天然链接。在劳动教育越来越受到重视的背景下,在乡村振兴已经提到国家发展战略的语境下,乡村学校的农事教育,自然有着得天独厚的优势。

大邑县教育局在2017年启动"美丽乡村学校建设"项目,确定10所实验学校,蔡场小学就是其中之一。什么样的学校才是美丽乡村学校?学校认为,乡村学校之美,美在能安放乡村孩子的心灵,润泽乡村孩子的生命,给乡村孩子一份刻骨铭心的成长记忆,从小把乡土感情铭记于心。

铭记乡土感情的最好载体是什么?基于乡村与劳动的天合之作,以农事教育为纽带,从培养学生乡土感情出发,开发农事教育课程,让学生知晓乡土民情,了解农耕文化,培养农事兴趣,珍惜劳动成果。

(二)节气与农事的丰富内容

"春雨惊春清谷天,夏满芒夏暑相连,秋处露秋寒霜降,冬雪雪冬小大寒。"这首孩子们朗朗上口的二十四节气的歌谣,可能大多数人根本不知道它的重要作用——是农民们进行播种、施肥等农事活动的重要依据。

为了让孩子们学到基本的农事知识,学校建起了农事教育园,明确了管理理念:让每一个孩子都参与进来,做园子的"主人"。于是,每个年级都有了自己负责耕种的区域。每个季节应该种哪些植物?什么植物应该何时浇水,何时施肥?孩子们在老师的指导下,学会了根据不同的季节种上不同的农作物。惊蛰前种土豆,春秋季点豌豆,学生们做起农活来有模有样。

每个季节都有不同班级的"责任田"收获,学生们将自己种植、照料的卷心菜、土豆、玉米、南瓜带回家烹饪。品尝自己种植和采收的食物,滋味是不同的。也正因为有了"锄禾日当午,汗滴禾下土"的经历,学生才懂得了"谁知盘中餐,粒粒皆辛苦"的不易。

目前,农事教育园里已经种上了二十余种农作物及八种水果。在农作物区,有土豆、红薯、油菜、胡豆等二十余种农作物;在果树区,种上了樱桃、日本甜柿、黄杏梅、红杏梅、脆红李、柑橘等八种水果,花卉区也种上了学生们喜欢的栀子花、杜鹃、迎春花等。

到了农忙时节,学生们扛起锄头,挽起裤腿,到各自负责的农耕区开始忙活起来。劳动的过程,既让孩子们学到了基本的农事知识,更重要的是磨炼了孩子们的责任心与意志力。

(三)田野与博物馆血肉相连

以前在蔡场小学门口是一片荒地,杂草丛生,久而久之,也就成了当地居民的生活垃圾场。蔡场小学确定农事教育项目以后,在当地政府和大邑县教育局的大力支持下,杂草地变成了一个占地13.8亩的"现代农场"。学校在农场中专门辟出一块,建造了农事博物馆,与周围的田野浑然一体。

当地群众和学生家长听说学校要建农具馆,纷纷把自家的农具和生活用具捐献出来。农具博物馆里收集的农具一一标注了名称,并按照时代发展的顺序进行摆放,呈现了农具的发展变化过程:由"刀耕火种"到青铜农具,再到铁制农具,现代农具。农具的发展变化恰恰也是人类不断观察、探索,认知自然、适应自然的表现,证明了我们祖先的古老智慧与中国农业文明史的源远流长。

为了充分发挥博物馆的农事教育作用,让每件物品成为一本本具有乡土气息的活教材,学校在各个年级组织开展不同形式的"农具知多少"竞赛活动,评选出最了解农具,最会介绍农具的优胜者,给予奖励。

首先,让孩子们走进博物馆,初步感知、了解博物馆中的农具,并选取自己感兴趣的农具,作为进一步了解的对象;然后,孩子们通过查阅资料、走访邻里乡亲中的老农等多种形式,深入了解自己感兴趣的农具;最后进行总结评比,将自己了解到的信息进行总结梳理,采用多种形式在全班进行展示交流。班上评选出的优胜者,推荐到年级或者学校,作为农事博物馆的解说员。

以农事博物馆为载体开展的竞赛活动,学生了解了农具,了解了农具演变的过程,及其在农业生产中的重要作用,感受到中国几千年的农业文明以及劳动人民的聪明智慧。学生也深深体验到农村生活的气息,知道农民的艰辛与勤劳,植下"望得见山,看得见水,记得住乡愁"的情感土壤。农事博物馆的建立,达到了让学生了解家乡,亲近自然,培养热爱家乡的情感和动手实践能力的目的。

(三)教育与课程的相得益彰

学校目前开发了一套完整的农事教育课程,从锄草到耕种,从收割到农产品的制作,都有一项项课程的支撑。比如高段的"翻地"课程,通过锄头翻地,使学生掌握了锄头的使用方法,掌握翻地技术,了解了锄头这种生产工具的结构,以及在传统农业耕种中的用途及翻耕土地的意义。同时,通过翻地劳动,学生体会到劳动的艰辛,养成珍惜劳动成果和勤俭节约的良好习惯。

结合实际耕种情况,学校还成立了"科技种植小组",分为"一般蔬菜种植""有机水果种植""无土技术种植",为学生们普及有关"传统农业""现代作物""高科技培育"的相关知识及现代农业技术的发展情况。

农事教育课程,让学生获得直接劳动体验,促使学生主动认识并理解劳动,逐步树立正确的农业劳动价值观,培养良好的劳动习惯和重视农业、关心农村,热爱农民的思想情感。同时,适时、适量、适度参加田间劳动,也磨炼了学生的意志,培养了学生的社会责任感。

(四)孩子们在课中学,在学中做,做中乐

蔡小的农事教育一步步向前,农事教育的理念以及课程不断向外辐射,如今的农场早已成为孩子们游乐场所和当地居民的后花园,在2019年学校以"开心农场"项目成功创建了大邑县研学旅行基地,向全社会的学生提供农事学习和实践的平台,目前农场已接待了成都日报小记者等多个团体的社会实践活动。

"开心农场"以课程的形式,设置迷宫寻宝(熟悉种子)、按图索骥(认识农作物)、知识竞赛(了解农业知识)三个活动内容。"开心农场"能让孩子最直接地了解一些基本的农作物和农事,更能使学生觉得"新鲜""有趣",积极地投入到活动中去,能促使学生更好地、更灵活地掌握知识和技能。

第七章　新时期农村家庭的儿童劳动素养提升

（五）学校与家庭的共育共治

农事耕作技能，其实许多学校老师是很欠缺的。为了做好农事教育，学校充分发挥家长资源优势，邀请家长代表作为农事教育义务教师，形成了共育共治模式，让家长从"旁观者"成为"志愿者"。同时，为了更好地从农事教育引申到家庭劳动教育，同家长在教育上"共识而为之，携手而为之"，让家长清楚孩子小学阶段要完成的家庭劳动具体内容和指导方法，学校与家委会共同研制《家长工作指导手册》，其中关于劳动教育明确提出："家长要营造崇尚劳动的家庭氛围，并以身作则，通过日常生活言传身教、潜移默化，让孩子从小养成爱劳动的好品质、好习惯。"

劳动教育犹如一条隐形的丝带，让学校、学生与家庭之间的关系更加融洽，联系更加密切。劳动教育是美丽原野乡村小学的"天赐"的礼物。

第八章　新时期农村家庭的儿童心理健康发展

随着越来越多的农村人进城打工,很多农村儿童缺少家长的守护,变成了"留守儿童",这种现状往往导致儿童在心理上出现一些问题。因此,在新时期农村家庭教育中需要对儿童心理健康发展给予足够重视,即重视儿童的心理健康教育。本章在分析农村儿童心理健康教育的理论基础上,分析儿童发展中常见的心理问题、儿童心理健康教育及家长心理疏导。

第一节　农村儿童心理健康教育分析

一、心理健康

1989年,世卫组织丰富了健康的定义,认为健康不仅是没有疾病,心理、道德健康等也是重要组成部分。心理健康是评价个体健康程度的重要指标。国家二级心理咨询师刘晓静认为,心理健康表现为个体对环境适应良好、人格特质相对稳定、心理功能良好的状态,表现为持续且积极发展的心理过程,并在一定程度上对身体健康产生影响。[①]

美国心理学家马斯洛和米特尔曼提出了心理健康十条标准,被公认为是"最经典的标准",其中,适度的情绪表达与控制是重要标准之一,同样,学界对我国儿童少年提出的心理健康六大品质中,稳定的情绪也

---

① 刘晓静. 试论中青少年心理健康现状及对策研究[J]. 人力资源管理,2010,(2).

包含在内。

二、心理健康教育

《中小学心理健康教育指导纲要》指出,心理健康教育的总目标是:提高全体青少年的心理素质,培养他们积极乐观、健康向上的心理品质,充分开发他们的心理潜能,促进青少年身心和谐可持续发展,为他们健康成长和幸福生活奠定基础。

心理健康教育课程作为心理健康教育的主要途径之一应以上述目标为方向,制定出符合国家要求又结合本校具体情况的目标。本书认为心理健康教育的目标是:树立青少年心理健康意识,培养青少年良好个性品质,帮助青少年解决心理问题,提高他们社会适应能力,充分开发心理潜能,促进青少年身心和谐可持续发展。

第二节 农村儿童发展中常见的心理问题

一、人际关系问题

(一)人际交往关系分析

人际交往是指社会活动中人与人之间的相互沟通信息、相互施加影响的过程。从本质上看,人际交往的过程是信息交流的过程,交流的内容就是思想、观点、情感、态度等信息。信息交流,主要是借助于语言符号来进行,也以非语言符号为辅助手段,最终达到心理沟通、理解、协调和建立一定的人际关系之目的。

人际交往的双方互为社会的主体和客体。当甲方是信息源发出信息为乙方所接受,并对接收的信息内容加工处理做出反应时,甲方就是主体,而乙方就是客体;反之,则乙方是主体,而甲方就是客体了。在双方交往中,每一个参加者既是信息的发送者,又是信息的接受者,交往的双方反复发生着位置互换过程。

人际交往过程的双方都要求自己的伙伴有积极性。这就是，作为信息发送者在发送信息时都有一定的动机和目的，他所发出的信息内容和发送方式都和他的人格特点相联系，并受交往情境的影响。为了有效地影响对方，在向对方发送信息时，必须判断对方的情况，分析他的动机和目的，同时还必须预测对方如何反应。信息的接受者对接收的信息并不是机械地做出反应，而是通过自己的知识经验、价值观、态度等来决定自己如何反应。

人际交往是人们为了彼此传达思想、交换意见、沟通感情、满足需要等目的，运用语言、行为等方式而进行的联系过程。

人际交往就是人与人之间通过一定的方式进行接触，从而在心理和行为上发生相互影响、相互作用的过程。交往双方实现着某种信息上的交流和行为上的互动。由此可见，人际交往的特点体现在两个方面：一是交往双方的互为主动性，即共同活动的双方都可以作为主体，也都可以把对方作为交往活动的客体和对象；二是交往双方的相互作用性，即指双方在交往中都按照某种规则而使自己的行为发生反应。

人际交往是在一定的空间和时间内实现的，是纷繁复杂的。在我国全面实行改革开放过程中，人们在交往中乐于广泛交友，渴求民主平等，向往真诚与信任，建立新颖的交往形式，开辟有利于交往的社会环境，这些都使交往的价值指向增添了新的丰富内容。依据人际交往的形成基础和交往对象的不同，可以把人际交往区分为多种不同类型。如业缘交往、地缘交往、学缘交往和机缘交往等属于社会交往，血缘交往和婚姻交往等属于亲属交往。儿童的交往类型以学缘交往为主，他们在共同的学习、生活和理想追求中逐步由封闭转向开放，不断建立新的观念。

（二）农村儿童人际交往关系问题

人是社会性的动物，人具有社会属性，在社会环境下，必不可少的就是人际交往，和谐的人际关系会使得人们的身心朝着健康方向发展，反之，不和谐的人际关系会对人们的身心产生不利的影响，农村儿童群体缺少与外界的沟通交流，周围环境的闭塞导致他们在人际交往方面有着一定的障碍，人际关系是影响个体心理健康的一个重要因素，沟通是人际交往必不可少的过程。农村儿童缺乏人际交往上的引导，存在严重的

人际沟通问题,从当前对儿童的调查中发现,农村儿童主要存在以下几方面的人际沟通问题:

1. 儿童与监护人

儿童的生活需要监护人来照顾和监督,监护人引导着儿童的身心发展和人际交往,但是在农村中,由于监护人本身教育意识的不足,自身文化水平和社会经验的落后,繁重的家务和田间体力劳动忽略了对儿童的心理需求和心理变化的关心和引导,父母与子女的联系和沟通又少,在缺少情感和心理关怀下,儿童的心理状况日趋表现出不愿与人交往、冷漠、行为孤僻等个性特征,而且儿童在寄人篱下的环境中,形成了自卑与小心翼翼的心理。监护人毕竟没有自己的父母照顾得周到,也不能代替自己的父母给予同等的关爱,儿童关爱的缺失,使他们安全感严重不足,不利于儿童在社会交往中建立亲密友善的人际关系。

2. 儿童与老师

农村儿童尤其是寄宿制的农村儿童,学校相当于他们第二个家,他们与老师相处的时间比他们的父母要多得多,由于儿童在身心发展上和学习能力上相对较落后,需要老师给予更多的关注和指导,如果遇到不够耐心的老师和条件不足的学校,许多儿童得不到良好和充分的学校教育。此外,农村小学师资力量的不足和教师教育教学能力的落后也使得农村儿童的教育出现问题。

3. 儿童与社会他人

儿童心理问题很大程度上受家庭和学校的影响,如果家庭和学校同时缺乏有效的引导和教育体系,那么他们的心理就会出现一系列的问题。儿童与社会其他人际沟通问题就会更加彰显出来。首先,儿童与社会上其他人缺乏沟通的技巧,他们怕生腼腆的情绪使他们在认识的人中都不能轻松自在地交往,更不敢从容地面对社会上的其他人。其次,对比儿童与非儿童,尤其是贫困地区的农村儿童来看,他们的成长环境使他们缺少爱的关怀,同时也更不擅长于表达自己的感受,他们需要一个十分漫长的时间来熟悉这个复杂的社会,和社会上的种种人际交往关系,对涉世未深的儿童来说这些都是阻碍他们心理健康发展的绊脚石。

二、学习心理问题

(一)学习心理问题的常见表现

1. 学习过度焦虑

部分儿童存在着过度的学习焦虑,表现在学习中心理压力太大、情绪压抑,过分估价学习任务,尽管十分刻苦,仍觉得远远不合要求;夸大学习中的困难,为此惶惶不安、焦虑万分;怀疑自己的学习能力,总担心自己没学好、学不好;对可能取得的考试成绩顾虑重重、信心不足,忧虑过度以致寝食不安。

造成学习过度焦虑的原因是多方面的。有些同学在环境影响下形成了不适当的学习目标和抱负,或是希望通过学习保护自己的自尊心,而自信心又不足,于是心理压力很大。此外,个性偏敏感、易焦虑的儿童,往往容易产生学习过度焦虑。

由于过度焦虑,使这些学生在学习中不能正常发挥心理效能,注意力难以有效集中,在问题面前显得呆板固执,尽管花费了大量的时间和精力,但学习效率很低。有些学生为了减轻学习焦虑,对学习采取回避、退缩的态度和方式,逃避、害怕、厌烦学习和考试。或是因心理压力过大,导致神经衰弱等心理障碍。

2. 学习心理疲劳

学习心理疲劳表现为注意力不集中、思维迟钝、情绪躁动、精神萎靡、学习效率下降,学习错误增多,出现失眠,等等。心理疲劳不同于生理疲劳,生理疲劳是由于肌肉活动过度,使血液中代谢废物如二氧化碳和乳酸增多,导致腰酸背痛、乏力等。心理疲劳是大脑细胞活动持续时间较长,导致脑细胞处于抑制状态。

学习心理疲劳在儿童中并不少见,造成这种现象的原因是多方面的:或是在学习活动中,不注意用眼卫生,学习内容长时间过于单调或生活中缺乏劳逸结合;或是学习内容难度较大、学习过于紧张,使大脑神经持续处于高度紧张状态;或是对学习活动缺乏兴趣,厌烦、畏难,或由于受到其他因素干扰,学习中情绪低落,从而导致大脑神经活动处于

第八章　新时期农村家庭的儿童心理健康发展

抑制状态。[①]

学习心理疲劳若得不到及时有效的消除,不但影响学习效果,而且使精神状态不良,甚至引起神经衰弱等心理障碍。

3. 应试心理偏差

（1）考试焦虑和怯场

考试焦虑是担心自己考试失败的高度忧虑的一种负情绪反应,考试怯场是考试焦虑在应试中的急性反应。指因各种原因造成的情绪紧张致使原来已形成的熟练的识记内容不能重新再现。

常常看到这样的同学,在应试过程中紧张恐惧,思维迟钝,记忆力下降,甚至会引起生理上的不适,腹泻、失眠、恶心等。严重焦虑会导致应试中出现"晕场休克"。

其实,应试时的紧张感是一种正常的应激——指由外界情况变化、主要指比较紧急的或危险的状态所引起的一种情绪表现。适度的紧张使人的活动变得积极,思维变得清晰,但过度紧张可使人的活动抑制或紊乱。

（2）作弊心理

大凡作弊者,一般都是以下几种:一是前面讲到的由于学习动力的缺乏而"混日子"的同学。二是平时学习比较用功,但是自尊心太强,把分看得高于一切,是一种优势的保证,所以唯恐自己的考分低于他人,一旦遇到不顺利时就不惜铤而走险。三是偶尔为之。所谓一念之差者,比如怯场,本来准备得很充分,却因为过度紧张想不起来了而影响了成绩,太不甘心,所以,豁出去了,就这一回。

总之,无论出于什么心态,何种原因,作弊者的目的是一致的,就是得到自己所期望的分数:起码及格,力争优秀。所以,在这个目标的驱动和侥幸心理的支配下,选择了一种错误的行为方式。

可以说,作弊有百害而无一利。既欺人,又自欺。不仅妨害良好校风的树立,更重要的是恶化了自己的人格品质,与儿童本应追求和拥有的真、善、美相去甚远。作弊还有另一方面的问题,就是助人为弊,且人数不在少数。每当因作弊者被抓而自己也受到批评和处分时,总是感到

[①] 王爱红.儿童心理与健康[M].北京:北京医科大学;中国协和医科大学联合出版社,1998.

很委屈,甚至产生心理障碍。大凡助人者,一般都出于以下心态:

一是"侠肝义胆",为朋友两肋插刀。用同学们自己的话说,大家能考上大学本已不容易,走到一起更不容易,总不能见死不救啊!怎么也得帮一把。二是因为不愿为这点"小事""得罪"人,反正我自己没作弊,能帮就帮,否则被称之为不近人情,伤害相互之间的感情,不上算。三是功利思想——礼尚往来。今天你有困难我帮了你,今后我有什么麻烦你就可以帮我了,所谓投桃报李,来而不往非礼也。

无论怎样的想法,有一点,助人者都不认为自己是在作弊。虽然也知道这样做不对,但他们认为不对只是违反学校的纪律,从"良心"来讲,还是无伤大雅的。难道助人作弊真的是一种义举吗?真的是与人方便自己方便吗?应该说,无论对人对己都是一种欺骗。所以,这种忙不应该帮。

(二)农村儿童的学习心理问题分析

1. 自控能力弱

自控能力即自己控制自己行为的能力有很大程度上是需要从小培养的,这就需要家长和老师对孩子的教育,孩子在上学之前,绝大部分时间都是和家长在一起的,所以家长要有意识地培养孩子的自控能力,但是由于儿童父母并没有时间和精力陪伴着儿童,导致儿童从小缺乏监督和约束,以致在今后的学习生活和心理方面缺乏自控能力。

2. 学习兴趣低

家长监管的缺乏,家长对孩子学习的不关注,学生没有在学习上获得满足感,导致学生在学习上积极性低,兴趣低,讨厌学校甚至厌恶学习,对学习没有期待,学习态度恶劣,受父母和周围人的影响,而且大部分乡镇没有学习的氛围,学风校风极差,家里也没有人约束管教他们,在一个不良环境下觉得读书无用,自己也没有能力把书读好,想早点儿出去务工赚钱。

3. 学习自卑

儿童从小得不到父母的照顾陪伴,在缺爱和受欺负的环境下长大,严重缺乏学习的自信心,贫困地区农村儿童都存在着自卑的心理问题。这种自卑在农村儿童的学习活动中有着明显的表现,影响了他们的学习成绩和身心发展,阻碍了他们的健康成长,进而制约着我国人口素质的整体水平和现代化发展进程。

三、情绪心理问题

(一)儿童常见情绪问题的表现

1. 狂喜

人逢喜事精神爽,春风得意马蹄疾。快乐的情绪对每个人都是必要的,对人的身心健康和事业成功也是有益的。但遇到高兴的事,就欣喜若狂,手舞足蹈,忘乎所以,没有节制。俗话说乐极生悲,有的儿童取得一些成绩便沾沾自喜,终日沉浸在喜悦和自豪之中不能自制,久久不能步入正常的学习生活,影响了学业。还有的同学为了满足自己的兴趣爱好,尽情地跳舞、游玩、打牌、下棋、参加体育比赛,弄得精神疲惫,无心学习,事后又感到极度的空虚,造成精神压力。这说明适时、适度的积极情绪是有利于身心健康和成才的,但积极情绪也会因反应过度对人的全面发展造成不良影响。

2. 过度焦虑

焦虑是指内心紧张、预感到似乎即将发生某种不良后果时的一种不安情绪,焦虑是由几种情绪混合而成的情绪体验。焦虑情绪可能突然发生,也可能缓慢产生。产生焦虑情绪时,人们会感到内心有一种难以适应的紧张与恐惧。一般情况下,当造成情绪紧张的外部刺激消失后,紧张就会解除,机体就会恢复到原来的正常状态。因此,从心理健康的角度,紧张和焦虑并非一定是消极的,有些紧张往往会产生积极的效果,如有利于集中注意力,认真分析现实,积极思考消除紧张的对策和方法;有利于分析动机,修正目标;有利于调动潜能和思维。

怎样知道自己是否过分焦虑呢？从生理反应来看，出现心跳加快、出汗、失眠、食欲不振、神经过敏等表现；从心理行为来看，总觉得心慌意乱，坐立不安，浑身无力，情绪消沉，思维杂乱，注意力分散，做事急躁，言语激动等，都是焦虑的典型表现。当出现持续的上述反应，若通过主观努力还无法消除时，就是过分的焦虑情绪了。焦虑情绪的产生往往与缺乏自信心和出现认知障碍等有密切关系。

3. 持续抑郁

郁郁寡欢、愁绪满怀、意志消沉、自卑内疚，甚至日不思食、夜不能眠等，都是抑郁情绪的典型表现。抑郁情绪也有正常和不正常之区分。正常的抑郁情绪大多与客观原因有密切联系，如高考落榜、情场失意、亲人亡故、学习和事业受挫等，这些客观原因往往能导致人的精神受到严重创伤和刺激。但这种由有形原因引起的抑郁情绪反应，往往不会影响人参加正常的学习和生活，经过一段时间后，这种情绪反应逐渐减弱甚至可以消失。而不正常的抑郁情绪则刚好相反：一是持续时间长；二是情绪低落但找不到明确原因，表现为"不知为什么，情绪总是很低落"，"对什么都不感兴趣"，或是由一些轻微细小的生活事件激发，便感到杞人忧天或怨天尤人。在这种情绪状态下，良辰美景、鲜花圆月、轻歌曼舞都变成了灰色的和毫无生气的。

4. 自卑感

自卑感是一种轻视自己或对自己不满意，认为自己不如别人的情绪体验，这是一种带有自我否定倾向的情绪体验。具有自卑感的人，往往具有内向、敏感和多疑等人格特征，在行为上则表现为少言寡语，不善于甚至不愿意交往，行为上退缩等特点。从自卑感发生的强度来划分，可分为轻微的自卑感和过度的自卑感。一般情况下，轻微的自卑感大多与某些具体的失败经历有密切关系，但经过调整可以很快克服。过度的自卑感则与屡次遭受挫折有关，有把具体的失败体验泛化到一切事情的经历的倾向，因此往往导致情绪消沉甚至自毁。

5. 自负

自负是自以为了不起，比别人强，看不起别人的一种情绪体验。这是一种过度的自我接受的倾向。儿童自负情绪的表现不像中小学生那样外露,但也能从言谈举止中明显地表露出来。如常常表现出对别人的讲话、成绩不屑一顾,挑毛病等。自负情绪的产生往往与对他人评价和自我评价有关。对于那些能力强、知识面广、机灵、小聪明、学习好、家庭条件优越的儿童容易产生自负情绪。还有的同学的自负情绪产生于对别人的过低评价和过高的自我评价。这样的同学往往只看到自己的长处和别人的短处。其后果可能是削弱上进心,学习成绩下降,也可能因此而造成人际关系紧张,严重的还会助长自私自利的心理。

6. 冷漠

冷漠是一种对人和事都漠不关心的情绪体验。一般来讲,儿童正处于人生的金色年华,对于很多事情都会产生浓厚的兴趣并注入极大的热情。但有的儿童却表现出对一切都冷漠、不关心痛痒的态度。有的心理学家认为,这种现象是一种个体对挫折环境的自我逃避式的退缩性心理的反应,带有一定自我保护或自我防御的性质。

这种情绪的产生大多与个体所处环境以及个性特点有很大关系,如家庭关系失和的体验,导致对亲情友情认知出现偏差,而不相信人间真情。冷漠的学生表面上看似无动于衷、冷漠无情,但实际上内心却十分痛苦、孤寂,有一种"说不清"的压抑感。结果不但本人更加痛苦,而且还会造成人际关系紧张,后患无穷。

(二)农村儿童情绪心理问题分析

1. 孤僻和抑郁

农村儿童正处于青少年时期,能够对周围环境进行感知,有自己的意识,与他人之间的交往也有自己的想法。作为青少年时期,应该呈现出积极、自信、乐观、大方等情绪,但是大多数农村儿童的情绪却是孤僻和抑郁。大部分农村儿童有中度心理健康问题。据调查乐安县农村儿童在人际沟通方面存在一定的障碍。有相当一部分农村儿童在与他人沟通过程中,出现害羞、不自在的行为,不愿意主动与陌生人进行交流,在对农村儿童进行访谈过程中,有许多的儿童在回答问题时,存在着表达能力缺陷,语言简短,语气生硬,答非所问,不太愿意与人交流表达自己的想法。农村儿童在人际交往方面存在孤僻和抑郁,这是不利于身心发展的。

2. 自卑和焦虑

从调查来看,农村儿童自卑和焦虑程度较高。在家庭现实的生活中,对于儿童而言,他人无法代替父母的关爱,当他们在现实生活以及学习中遇到困难时第一个想到的就是父母,希望父母能为他解决困难。如果父母没有在他们身边,那么儿童就没有安全感和失落感,虽然家里有祖辈或者其他亲人照顾时,但是祖辈或者其他亲人更多的是在饮食和身体上的关心,而对于其心理健康方面的却不太在乎。这种现状长期存在,使得农村儿童的心理方面很容易产生自卑和焦虑,感到紧张、不安、烦躁、不踏实等心理异常现象。

3. 鲁莽和逆反

农村儿童存在偏中度的心理健康问题,由于长时间父母不在身边,个人的脾气变得越来越大了,经常会表现出鲁莽和逆反,做出一些出格的事情。辱骂老师、逃课、打架、斗殴,成为问题学生。这样的农村儿童将来会成为社会的不稳定因素,儿童没有父母的调教和关爱,在无拘束和缺管教的情况下,产生这样的心理问题是有因可循的。

4. 敏感和固执

农村儿童常常出现心理不平衡的问题,表现为敏感又固执,儿童看到别人成绩比自己好,会产生心理不平衡,认为别人成绩好是因为有父母老师指导,而自己却是没有指导,看到他人进步时,心理也非常不舒服,很害怕别人超过自己。当看到别的同学穿着比自己好,也有一种心理不平衡的想法。总而言之,就见不得别的同学比自己好。

第三节 农村儿童心理健康教育及家长心理疏导

一、农村儿童心理健康教育的策略

(一)学习心理卫生知识

心理卫生知识是维护心理健康的理论武器,学习并掌握心理卫生知识有助于我们理解心理卫生的意义和价值,认识自我心理状况,具有维护心理健康的方法和能力,从而在日常生活中能自觉地调节心理以适应变化的环境。对系统学习心理卫生知识与未学习过的儿童进行比较,发现前者在心理调节、自我保健方面普遍较好。

学习心理卫生知识可通过心理卫生课或讲座、阅读心理卫生书刊,向心理咨询机构咨询等方式和途径进行。学习心理卫生知识,重要是理解心理卫生的实质,掌握心理健康发展的规律和心理保健的方法,尤其必要的是把学习和实践紧密结合起来,用理论指导日常生活的实际,真正做到学以致用。

(二)培养健康的人生态度

健康的人生态度,就是科学、积极、乐观、坚强的人生态度,这是保证心理健康的必要品质。健康的人生态度,使我们在现实生活中能对社会、人生及其具体现象和问题正确认识、理解把握,既避免认知错误导致的心理困惑,又有利于冷静而稳妥地对待事物,从而减少不必要的挫折和失误;心胸开阔、情绪乐观、意志顽强,有效地维护自身的心理稳定,又提高了对生活中各种困难和挫折的耐受力,从而减少心理冲突、防止心理障碍,有利于保持心理健康。

(三)重视自我心理调节

自我心理调节是维护和增进心理健康的重要措施,是心理保健的核心环节，只有重视并有效地加强自我心理调节，才能真正实现儿童心理的健康和发展。

自我心理调节包括：调整认知结构、克服不合理信念，注重理性认知；完善自我意识，正确认识自我、合理评价自我、积极悦纳自我、有效调控自我；学会情绪调节，排除不良情绪，保持情绪的愉悦和稳定；锻炼意志品质，提高实践活动的自觉性、果断性、坚韧性和自制性；扩大人际交往，实现心理沟通；克服人格缺陷，协调个性特征，塑造健康人格；及时、适度、合理地运用心理防御机制，提高心理承受力；保持适度紧张，避免过度焦虑；培养广泛而有中心的兴趣爱好，生活内容丰富而充实。

（四）善于寻求帮助

维护和增进心理健康，除了重视自我保健和调节外，还应积极争取家庭、学校和社会的帮助支持，比如多找老师、朋友倾诉，以疏泄积郁情绪；通过与他们交流，校正不良认知等。心理咨询是指运用有关心理科学的理论和方法，通过语言、文学等媒介，给咨询对象以帮助，解除其心理问题（包括发展性心理问题和障碍性心理问题），维护增进心理健康，促进人格发展和潜能开发的过程。心理咨询的对象是有自知力、能接受帮助的正常人。心理咨询包括个别咨询、团体咨询、门诊咨询、书信咨询、电话咨询、报刊咨询、现场咨询等形式。心理咨询严格遵循交友原则、保密性原则、科学性原则、整体性原则、对咨询对象负责的原则等。心理咨询的内容包括发展性咨询和障碍性咨询。前者是消除心理困惑和压力，调节情绪、开发潜能，指导咨询对象，增强对社会的适应能力，提高学习、工作效率和生活质量等；后者是帮助咨询对象解决心理障碍、心理疾病（如各种神经症，精神病除外）。儿童要善于求助心理咨询，把它作为心理保健、心理教育的重要途径。任何对心理咨询的偏见、轻视、回避都是不科学的。

（五）积极参加实践活动

人的心理是在社会交往、社会实践活动中形成和发展的，健康的心理离不开健康而丰富的社会生活的土壤。多参加人际交往、各种积极有益的社会活动、校园文化活动、劳动实践,广泛接触生活,有助于丰富情感世界、锻炼意志品质、增长才智、提高认知水平、完善人格,从而优化心理素质。同时,积极参加实践活动本身就是心理调节的方法,通过活动达到宣泄郁闷,转移注意点,调整情绪,升华情感。

(六)积极开展心理调适

儿童心理调适是指儿童利用自身所具有的心理调适机制摆脱痛苦,减轻不安,恢复情绪稳定,战胜心理危机,最终达到心理平衡,达到自我完整统一的适应性倾向。它可以分为两种:心理调节机制和心理防御机制。

1. 心理调节机制

心理调节机制是指自我对遇到的心理危机,采取理性的方法,分析研究心理危机的原因,战胜心理危机,以实现自我统一,实现目标取向的心理适应过程。可以通过以下方法展开心理调节:

(1)策略调节

策略调节是指自我面对心理危机,变换自我应对方式,以减轻、排除心理危机对目标取向阻碍。

①升华。升华就是把不为自己理智所接受,不为社会规范所允许的行为或欲望变换方式表现出来。升华是一种积极的调节机制,有利于社会、他人和本人的价值,如甲儿童嫉妒乙儿童的学习成绩,理智告诉他不能将这种挫折心理表现出来,于是甲采取发奋努力的方法,最终学习成绩超过了乙。这一方面克服了自我原有挫折,另一方面也获得了积极有利的价值。不少文学名著的诞生,与作者遭遇挫折有关,是作者个人情感升华产物,如歌德失恋后写下名著《少年维特的烦恼》等。

②幽默。希腊大哲学家苏格拉底可说是运用这一机制的典范,他一生用智慧幽默化解了很多目标取向受阻的情况,甚至到死也以笑来面对。

③理解。理解调节机制是指个体自我对引发心理危机的挫折,予以充分理解,对自我能力、态度予以宽容,以实现自己心理平衡的一种方式。这种机制能有效地调解自己与他人的矛盾、自我矛盾,"理解万岁"就是对这种机制作用的充分肯定。

④成就意识。成就意识是指个体自我对取得较好成就,达到既定目标而积极努力的认识。它之所以是人们心理调节机制,首先在于成就意识以个体的积极努力为重要标志,这种意识个体把心理危机归因于不努力,从而使个体以努力的态势对待心理危机,其次在于成就意识的目标是既定的,即个体具备了实现目标的主客体条件,使个体有一种不达目的不罢休的劲头,它可使个体"废寝忘食",可以使个体"舍车马,保将帅",对小的心理危机予以忽视,如某儿童期中考试没有及格,他不以此心理危机为大山,而是积极努力,最终取得圆满成绩就是运用这种机制的一个范例。

（2）结构调节

结构调节是指儿童自主调节自己的三个世界的内涵和层次,以使心理危机引起的三个世界不统一的状态得以整合。它主要包括以下几种方式：

①增加真实我内涵。真实我是儿童结构中的核心,是最能体现一个人风格,影响一个人水平的东西站也是儿童调节心理状况、达到最佳状态的基础性东西。这是一个人心理危机忍耐水平的最主要影响部分,真实我包含有影响儿童心理危机的最主要因素：生理因素、心理因素,增加真实我的内涵,就是提高这两个因素对心理危机的抗负水平。

生理因素：提高生理因素对心理危机的抗负水平就是要：提高自己的身体素质,身体强壮的人往往比体弱多病的人更能容忍心理危机；促进自己对自我特质的适应。即是要能自我容忍自己的不足。

心理因素：

改变现实我方式。现实我是真实我的外在表现,是面具。它有以下两方面的作用：其一,它是区别他人,保护真实我不受伤害,维护自我的自尊的一种形式。其二,在人生的旅途中,它起着积聚自我人格力量,从而使现实我走向理想我的作用。

自主调节自己的心理平衡,首先要做到承认自己有面具,接受自己外在的表现方式。作为生物界的人员,人和其他动物都有保护自己的手段,生物大多都将自己伪装成周围的样子和色彩,让人真假难分,有时还能装死,从而死里逃生。现实我,从广义上讲就是人的生存方式,正是我们的现实我,始终按照社会、团体和种族的要求、规范装点自己,才使我们得以与各类人相处,包括与真实我不喜欢的人和睦相处,也正是因为现实我与真实我拉开了距离,使我们能同时在两个不同层面上,两种

第八章 新时期农村家庭的儿童心理健康发展

不同的世界中生活,才得以使我们顺利完成目标取向,实现自我统一,但如果现实我过多地为了真实我的自尊、目标而欺骗自己的本色时,应学会容忍,即接受现实我,能否正确表现现实我的功能,接受现实我的表现方式,是自我心理调节水平的一个重要标志,我们很多的儿童往往在夜深人静时为自己白天的表现而伤心,产生挫折感,就是没能把握住这一点的表现。其次要使自己的现实我充分利用与人交往,与社会交往的机会,增强自己的人格力量,自我的人格力量大小,是自我克服挫折,实现"目标取向",完成自我统一的重要标志。人格力量产生于现实我的社会实践、社会化等过程的外在锻炼、学习。它包括意志力量、智慧力量、道德力量、审美力量。

意志力量是自我的坚持性、独立性、果断性力量和自持力量。它是自我意志对自我行为有目的调节的结果。它驱使个体去实现自己的目标取向。意志力量是个体其他人格力量获得的前提,"志不强者智不达"(《墨子·修身》)讲得就是这个意思。

道德力量是一种由于对自己所在社会关系中应履行的义务、责任的感知而产生的行为内驱力,它来源于社会教化和个体的良知。

智慧力量是人类行为的主要机制力量。它主要包括人的体力、知识力、认识力、实践力、创造力等。它来源于后天的学习和实践。它对人正确认识挫折、克服挫折具有重要的意义。

审美力量是外在事物作用于人的心理,由于人的心理能力感知、想象、理解等心理力量的作用而产生的与外物同形同构或异形异构的内驱力。它给人以自我实现感、超越感、自由感的满足。

②调节理想我层次。自我同样可以利用调节理想我层次的方式克服挫折。理想我是自我的目标体系,它给人以前进的引力。促进个人的人格力量同向而达到合力最大的状态,但理想我过低或过高,都会使其合力受阻。过低了,形不成合力,没有目标,实际上是自我的一种最大挫折,因为此时他不知自己的力往什么地方使,使自我目标取向变得很发散而徘徊不前,使其实现成为不可能。理想我过高了,超过了现实我人格力量合力所及的范围,使现实我走向理想我成为不可能,会对自尊造成打击,从而形成挫折。儿童个体必须从自己的实际出发,建立一个力所能及的理想我世界。

2. 心理防御机制

心理防御机制是人们本能所具有的一种回避、曲解挫折以达到摆脱痛苦，减轻不安，恢复情绪稳定，达到心理平衡的适应性倾向。

常见的心理防御机制有以下几种：

（1）压抑

奥地利心理学家弗洛伊德认为被压抑的东西可以通过梦的解析、自由联想、催眠以及口误或记忆错误的分析揭示出来。

（2）文饰

文饰又称"合理化"，是指自我总是用逻辑证明的方式来为那些若不用某种方式解释就会引起焦虑的结果寻找理由。"酸葡萄"的文饰作用就是一种最普遍的文饰作用，公元前500年前的伊索就谈到，有只狐狸看见葡萄架上一串串垂挂的葡萄，口水直流，它竭尽全力想摘取，却一无所获。最后，它转身走时说道，"不管怎样，葡萄很可能是酸的"。贬低个人渴望得到但又不能获得的东西是文饰作用的一种普遍形式，同样，有些本来并无明显吸引力的东西但在获得之后又给它美化颂扬，这就是所谓的"甜柠檬"文饰作用。在儿童中利用文饰作用回避挫折的例子是很多的，如"我迟到是因为早上的广播没响"；"我考不及格是因为我想尝一尝补考的滋味"等。

（3）投射

投射是一种个人用以对自己某些真实的存在——若承认它就会引起焦虑的事情进行压抑以及把它们转嫁他人的机制。即把责任推给别人，或仿同别人，认为别人也是如此；在儿童中运用这种机制保护自尊的还是很普遍的，如"我考试不及格是因为我笨"也许是真的，但它被换成"我们的老师太差了"或"试卷中怪题太多"来表达。

（4）反向

在一般情况下，人的行为方向和他的动机方向是一致的，一个人对自己真实我所憎、所爱的事物，在现实我的行为上也会很自然表现出来。但是当真实我的欲望、行动不为自己、他人和社会规范所容忍、许可时，其常被压抑到潜意识中去，人们由于害怕它会突然表现出来，不得不严格把关，于是在现实我上表现出截然相反的态度或行为，"此地无银三百两"即是反向作用，如特别自吹自擂的人一般内心都很自卑。

第八章　新时期农村家庭的儿童心理健康发展

二、农村家长对儿童心理疏导的策略

（一）充分发挥农村家庭教育的作用

要让孩子感受到父母对他们的关爱，让孩子们感受到他们在父母心中的重要性，帮助他们树立克服困难的自信，父母双方离开孩子后也要经常与孩子联系，和孩子们进行沟通交流，教育他们认真学习，做个对社会有益的人，教育他们什么是正确的，什么是错误的，要守纪律，不能做违法乱纪之事。

（二）更新教育孩子观念

家长教育观念的更新也是素质教育的要求，素质教育要求家长的教育观人才观必须更新，素质教育既立足于现实又切实面向未来，传统教育注重知识的传授，素质教育更注重人自身潜能的开发，要求个体的全面和谐发展，家长要把孩子当作"主体"的人来对待，尊重他们的人格，和孩子做朋友，了解他们的心理动向，发掘他们的潜能闪光点，让孩子愉快地、主动地接受教育，好的传统观念我们要继承，社会的发展我们的家庭教育观念也必须持续更新，与时俱进。

（三）扩大自身知识水平

扩大自身知识水平是十分重要的，对孩子进行教育首先自身应该具备一定的知识水平，学校也可以有效帮助儿童。同时，儿童的家长需要不断扩大自身的知识面，社会在不断进步发展，周围的环境也在一直发生着变化，所以家长的教育教养方式也要进行变革，作为一个合格的家长应该与时俱进，学习新的知识扩大自己的知识储备。

（四）言传身教成为榜样

父母首先要规范自己的言行举止，榜样的力量是强大的，父母为人处世的态度和人格品质对孩子影响深远，父母要做一个正直善良的人，如果父母的行为举止都出现了偏差的话，孩子的思想行为自然而然地受到不好的影响，有句话说得好"没有教不好的孩子，只有不懂教的父母"。父母在孩子眼里就是模范和表率，是孩子心目中的榜样，尽管教育孩子是一件辛苦又长期的工作，要从尊重理解出发，用心感悟孩子的内心世界，用情去激发孩子向上的动力，用爱去缔造孩子成功的未来。

参考文献

[1]〔苏〕Б.В.谢尔麦耶夫著；姚林祥译.家庭体育游戏[M].沈阳：辽宁教育出版社,1992.

[2]陈超南.家庭审美[M].上海：上海社会科学院出版社,1995.

[3]陈方红.农村家庭高等教育选择研究[M].南昌：江西高校出版社,2017.

[4]陈鹤琴.家庭教育[M].武汉：长江文艺出版社,2019.

[5]池瑾.观念决定成长：中国城市与农村家庭教育的背景差异[M].兰州：甘肃教育出版社,2008.

[6]池瑾.观念决定成长：中国城市与农村家庭教育的背景差异[M].兰州：甘肃教育出版社,2008.

[7]段继扬.智力教育与创造力培养[M].开封：河南教育出版社,1992.

[8]共青团中央青农部组.农村家庭教育指南[M].北京：农村读物出版社；北京：中国农业出版社,2007.

[9]何大慧,郑瑶.农村幼儿家庭教育[M].北京：教育科学出版社,1993.

[10]何宗海.家庭教育指南[M].北京：台海出版社,2003.

[11]李乡状.农村家庭教育[M].天津：天津科学技术出版社,2011.

[12]刘金广.劳动教育与素质教育[M].北京：中华工商联合出版社,2007.

[13]彭德华.家庭教育新概念[M].兰州：甘肃教育出版社,2001.

[14]彭建兰,胡小萍.学前儿童家庭教育[M].南昌：江西高校出版社,2006.

[15]沈芝莲,杨植正.农村幼儿家庭教育实例集锦[M].北京：人民教育出版社,2007.

[16] 魏书生.家庭教育[M].沈阳:沈阳出版社,2000.

[17] 吴奇程,袁元.家庭教育学[M].广州:广东高等教育出版社,2002.

[18] 吴熹,马静和等.家庭教育[M].北京:知识出版社,2001.

[19] 叶瑞祥.家庭教育学[M].广州:广东高等教育出版社,2004.

[20] 张蕾,曾莉.家庭教育[M].青岛:青岛出版社,2019.

[21] 张奇.儿童审美心理发展与教育[M].北京:北京师范大学出版社,2000.

[22] 赵荣辉.劳动教育及其合理性研究[M].北京:中国民族大学出版社,2012.

[23] 赵忠心.家庭教育学教育子女的科学与艺术[M].北京:人民教育出版社,2001.

[24] 郑福明.幼儿园教育与家庭教育[M].长春:东北师范大学出版社,2003.

[25] 郑州市科学技术协会组织编写.家庭教育[M].北京:中国环境科学出版社,2007.

[26] 周兆欣.体育[M].西安:西安电子科技大学出版社,2009.

[27] 陈怡.农村留守儿童家庭教育问题研究[D].扬州大学,2012.

[28] 陈颖娇.社区情理之中的我国农村儿童家庭教育——基于粤西A村的分析[J].教育导刊(下半月),2020(03).

[29] 董金环.试论农村学前儿童家庭教育的指导[J].考试周刊,2021(25).

[30] 方媛.农村留守儿童家庭教育问题及对策分析[J].课程教育研究,2017(45).

[31] 房靖钧.农村隔代监护型留守儿童家庭教育问题的社工介入研究[D].福州大学,2018.

[32] 冯欢欢.新时期农村留守儿童家庭教育问题研究[D].河南大学,2018.

[33] 戈静怡,覃子怡,杨杭,谭玲,徐雯.农村留守儿童家庭教育研究综述与展望——以隔代抚养家庭为例[J].教育观察,2020,9(31).

[34] 侯东平.农村儿童家庭教育缺失的解决策略[J].甘肃教育,2019(24).

[35] 火元萍. 农村小学留守儿童家庭教育缺失的问题及对策研究[J]. 智力, 2021（21）.

[36] 贾红霞, 谢军. 乡村振兴视域下农村学前儿童家庭教育实践路径[J]. 人民教育, 2022（Z1）.

[37] 蒋生成. 浅谈农村留守儿童的家庭教育中存在的问题和对策[J]. 课程教育研究, 2019（23）.

[38] 康馨月. 农村留守儿童家庭教育问题[J]. 山海经, 2019（13）.

[39] 康馨月. 农村留守儿童家庭教育问题及对策研究[J]. 大众文艺, 2020（08）.

[40] 李惠兰, 农志华, 黄丽婷, 钟富霖, 林杰. 农村留守儿童家庭教育状况调查及对策研究——以桂东南地区为例[J]. 教育现代化, 2019, 6（90）.

[41] 李劲松. 贫困地区农村儿童家庭教育缺失问题分析[J]. 现代农业科技, 2018（04）.

[42] 李彤. 关于农村留守儿童原生家庭教育研究——以江西省赣州市大余县左拔镇云山村为例[J]. 广西青年干部学院学报, 2018, 28（03）.

[43] 李彤. 农村幼儿园留守儿童家庭教育指导的个案研究[D]. 西北师范大学, 2021.

[44] 梁梅, 於鸿. 农村留守儿童家庭教育功能的缺失与回归[J]. 广西科技师范学院学报, 2017, 32（05）.

[45] 梁在, 李文利. 从留守经历的视角分析农村儿童家庭教育投入[J]. 人口学刊, 2021, 43（01）.

[46] 刘红升, 靳小怡. 西部农村留守儿童的家庭教育主体研究[J]. 教育评论, 2017（11）.

[47] 刘洁. 农村儿童家庭教育的现状调查及研究——以云南省师宗县龙庆乡为例[J]. 教育导刊(下半月), 2018（02）.

[48] 刘小雨. 万州区龙驹镇农村留守儿童家庭教育的多元主体参与研究[D]. 重庆三峡学院, 2021.

[49] 刘勋昌. 农村儿童、青少年社会化与其家庭教育的相关性研究[D]. 贵州师范大学, 2005.

[50] 娄洁. 蒋巷镇农村留守儿童家庭教育问题及对策分析[D]. 江西农业大学, 2019.

[51] 陆丹.贵阳市农村留守儿童家庭教育研究[D].贵州师范大学,2008.

[52] 吕林,陈学军.家庭教育对农村儿童自我概念影响的个案研究[J].南京晓庄学院学报,2019,35(04).

[53] 宁宁.农村初中留守儿童家庭教育问题研究[D].哈尔滨师范大学,2017.

[54] 牛小燕.农村留守儿童家庭教育存在问题及对策研究[J].学周刊,2020(19).

[55] 任晓玲,严仲连.家庭教育投入对农村学前期儿童发展的影响[J].教育理论与实践,2020,40(05).

[56] 宋广辉.新时期农村留守儿童家庭教育问题及对策研究[J].当代家庭教育,2020(33).

[57] 宋铁平.农村留守儿童家庭教育现状调查与思考——以会宁县为例[J].才智,2017(34).

[58] 唐荣兴.关注农村儿童家庭教育实现全社会可持续发展[J].教育教学论坛,2019(22).

[59] 王才让,蒋海花.农村留守儿童家庭教育缺失的问题与对策[J].中国校外教育,2020(08).

[60] 王冲.农村留守儿童家庭教育问题研究[D].吉林农业大学,2019.

[61] 王丹.社会工作视角的农村留守儿童家庭教育问题探索[J].现代交际,2021(05).

[62] 王东生.我国农村留守儿童的家庭教育问题研究报告[J].学周刊,2019(29).

[63] 王甜.农村学前留守儿童家庭教育问题与对策研究[D].扬州大学,2018.

[64] 王颖.农村留守儿童家庭教育的个案研究[D].上海师范大学,2020.

[65] 王影.农村儿童家庭教育中祖辈与父辈冲突的个案研究[D].湖南师范大学,2011.

[66] 吴欢.农村留守儿童家庭教育的社会学思考[D].广西师范学院,2010.

[67] 夏晓.社会工作介入农村留守儿童家庭教育问题的研究[D].青海师范大学,2018.

[68] 肖成虎.阜南县农村留守儿童家庭教育现状调查及对策研究[D].淮北师范大学,2018.

[69] 谢文斯,谭满妹,韦程晴,陈允东,黄银嫦.农村学前儿童家庭教育的现状及对策——以广东省湛江市徐闻县为例[J].求学,2021(08).

[70] 谢绪刚.浅论农村儿童家庭教育缺失与班主任应对策略[J].新课程(上),2019(04).

[71] 徐鸣.6-12岁农村留守儿童家庭教育内容的现状调查[D].重庆师范大学,2018.

[72] 许华辉.边境地区农村留守儿童家庭教育问题及应对思考[J].散文百家,2019(03).

[73] 许向东.农村留守儿童家庭教育及其对策研究[D].西南科技大学,2018.

[74] 杨海兰.农村儿童主要家庭教育方式现状研究[J].新课程,2020(29).

[75] 杨莉.农村留守儿童家庭教育弱化的对策研究[J].湖南工程学院学报(社会科学版),2020,30(02).

[76] 尧翠兰.临川区农村留守儿童家庭教育的现状及对策研究[D].浙江海洋大学,2018.

[77] 於凤婉,刘伟.农村留守儿童家庭教育的困境与突破——以川南某市为例[J].现代职业教育,2018(25).

[78] 张洪川.农村儿童家庭教育的现状[J].教书育人,2012(S2).

[79] 张军勇.二元经济转化背景下我国农村留守儿童家庭教育问题研究[D].山西财经大学,2010.

[80] 张强.家庭教育对农村学前儿童的影响及对策[J].广东蚕业,2019,53(09).

[81] 张彤.农村留守儿童家庭教育问题研究[J].国际公关,2019(04).

[82] 张晓莉.农村留守儿童家庭教育印象与解析探讨[J].新课程,2020(38).

[83] 张莹.农村留守儿童家庭教育的福利支持研究[D].吉林大学,2020.

[84] 郑文君.农村留守儿童家庭教育缺失的问题和对策探讨[J].读写算,2020(25).

[85] 朱俊凤.农村儿童家庭教育的现状和对策——以江苏省徐州市新沂A村为例[J].文教资料,2016(16).